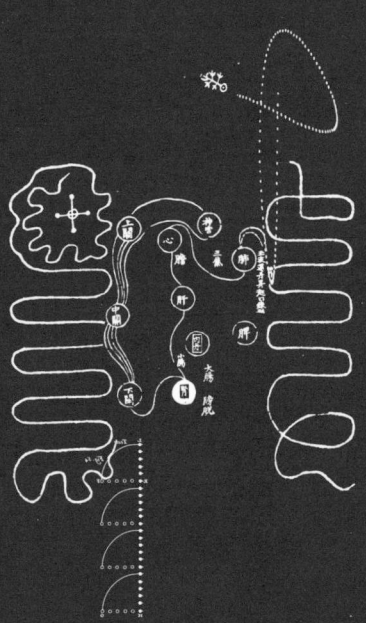

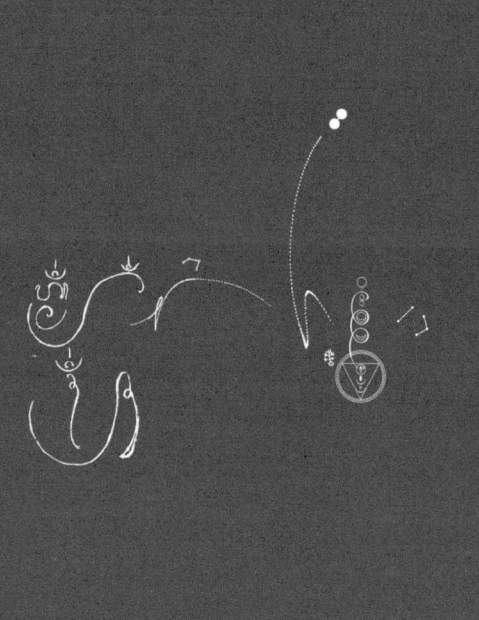

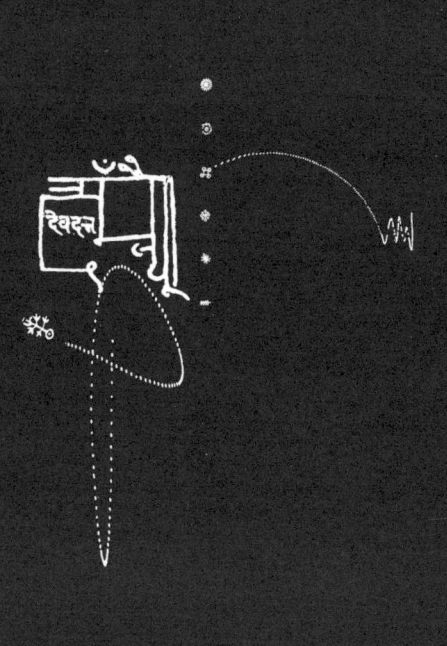

文字的力与美

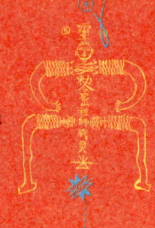

杉浦康平 编著

后浪出版公司

文字的力与美

北京联合出版公司

中文版前言

● 在现今的时代,许许多多的文字被收存在计算机、手机短信以及电视画面中,它们正处于从"被书写者"到"被观看者"的变化过程之中。虽然如此,文字从远古以来即是被书写、被印刻的记述符号,它们曾是借着"身体律动"所产生的符号。汉字虽然被称为象形文字,但思考它的形成过程,会发现其造型背景潜藏着自然风景的反映、动物姿态的记录,以及人类的各种姿态等所谓身体行为的表现,它们将活力注入文字。书写者面对大自然将身心全然敞开,捕捉到了潜藏于自然之中不可视的骚音。最终造就了文字造型的结晶。

● 尚有一点必须提出,对于文字来说,十分重要的属性即它是"声响的承载物"。文字并非仅单纯反映眼睛所见之物,同时也反映了发生在这世界上的许多声响。

● 文字并不沉默。它们有时会呐喊。汉字、片假名、英文字母各有独特的"原声"。比方说在"净琉璃"(日本传统音乐的一种)的谱面上有彷佛翻动地面的粗大文字,它们就近似于浑厚的声音。又比方说《神乐歌》之类献给神的神圣诗歌,是用幽隐的文字记载的。文字是各种音响,"生命的呐喊"潜藏其中。

● 随着电子邮件与手机短信的普及,如今是文字与人之间关系激变的时代。人们不再书写,而以敲击键盘取代,为此缘故,从前包裹着文字的生命力与身体性都被当作多余的东西,一步一步消逝。

● 不过从另一方面来说，重新观照文字魅力的机会也正好来临。文字不再局限于单纯的符号意义，而是从记号性逸脱出来，让人再发现文字活力的行动正在进行之中。

● 我希望借由本书能让人们重新发觉，那些具有身形、承载声响的文字；那些活力四射且魅力满溢的文字；以及一直静悄悄地定居在人们注意力未及之地的文字。文字并非只存在于纸张、计算机屏幕以及手机画面之中。文字是会在我们周遭的空间随处现身，并给我们生活的大小事注入活力。我盼望借由本书能让人们重新发觉：我们一直是在想不到的场所以想不到的手法，与"文字的力量"共生共存至今。这是我编著本书最大的理由。

● 展现在《文字的力与美》中的文字，美丽且力量强大。它们究竟给我们的生活带来什么力量呢？借由本书应可窥探一二吧。

● 李贤文和庄伯和是我超过三十年交情的老友。两位同时也是著名的美术评论家。他们凭借对于中国文化、汉字文化的精深造诣，给我创造了与收录于本书的中国文字造型相遇的机会，并且提示我这些文字群的内在涵义。除此之外，李先生更在本书的繁体中文版的出版事宜上尽心尽力，而庄先生也为中文翻译倾注全力。

● 就像汉字是由偏与旁、冠与足合体而成一般，我们之间的友情始终紧紧相系。最后，对于本书的繁体中文版得以出版，实在发自内心地雀跃不已。

——杉浦康平
（李柏黎 译）

译者序

● 《文字的力与美》与杉浦康平先生的其他著作一样，行笔简练，保持一贯的内容深度，试图让读者了解其视觉文化美学的想法。

● 但这本书把范围集中在文字图像上，从目录的五个分类项目"甘露文字""穿着文字""头戴文字""运送文字""文字与生活"来看，假使仅仅把文字的观念停留在说明文字的实用范围，起初不免觉得新奇；一旦往下阅读，踏进杉浦的美学世界，才恍然大悟，因为这本书已经明白地让人感受到文字出现在生命周遭的魅力，尤其对于生活在汉字国度的我们来说，体会当更加深刻。

● 过去我翻译他的另一本《亚洲的图像世界》时，已经觉得文字图像背后透过神圣、严肃、游戏、咒术等诸多意思，原来展开的正是一个广阔的天地。因为现代一般所谓文字图像，往往停留在"美术装饰"的地步；作者却提供了一个"文字宇宙"的观念，即使是意思沟通的媒介，文字竟然可以扩张张力到不可思议的地步，就好像街上的商店广告招牌，大大的文字固然达到引人注目的视觉效果，但作者想告诉我们：文字还隐藏着更深层的意思。

● 例如"甘露文字"里提到的"寿"字树干，充沛的体液静静流动，无数根毛吸收地下水，变为甘露树汁，随导管把大量养分不断送达树梢，于是树形充满活力。"福"字形酒器，注满招福美酒，意味幸福含在口里，随着甘露流入体内。

● "穿着文字",既显示宇宙循环的文字意匠,却也有像"寿字虾"那样腰身能屈能伸,象征长命百岁。

● "头戴文字",如山神头上的布冠,干脆装饰一个"富"字。奇状头盔竟然出现"南无阿弥陀佛"及梵字,祈愿意义不言而喻。

● "运送文字",有结合"圆寿"文字的宝船,也有喜轿上的"凤喜"文字,运送绵绵的喜气。

● "文字与生活",反映人在日常生活中巧妙摄取文字的力量,例如龙、鹤、龟的文字风筝,仿佛让幸福散布天空,令人惊艳。台湾妈祖神符令牌上的"日""月"二字,更显示无比的降魔力。还有那精炼金丹的长生不老文字出现在椅子的靠背上,让人吸取金丹炼就成功的涡卷祥瑞。

● 这就是文字发出的声响和生命的呐喊,杉浦康平想告诉我们的,就是这样的"文字的力与美"!

——庄伯和

文字的力与美 目录

004 中文版前言　　**006** 译者序

010 *1* 甘露文字

060 *2* 穿着文字

096 *3* 头戴文字

114 *4* 运送文字

128 *5* 文字与生活

180 吉祥字解…招福汉字
182 注释一览
188 后记
189 出版后记

012 | "寿"字结仙果
014 | 祈愿生男的花文字
016 | 祈愿五福捧寿的香炉寿字
018 | 融入虚空的香烟祝词
020 | 挂香的"线寿"文字
022 | 芳香文字
024 | 注满"福"的美酒文字
026 | 融合为一的对联文字
028 | 大餐的"水"字
030 | 镇火文字
032 | 映写闪亮的"川"、流动的"水"
034 | 招来丰饶的"山水"文字画
036 | 静心栖山水之"心"字
038 | 反映净土的梵字池
040 | 燃烧的"大"文字
042 | 凝聚于灯火的祈念文字
044 | 烛台的"双喜"文字
046 | 吞下文字，吃下文字
048 | 招福食器的"万"字
050 | 悠游"春"字的南极仙翁
052 | 庆祝一阳来复的"春"字
054 | 摸仿常青松的吉祥文字
056 | 如梦的"寿"字凭霜
058 | 有生命的墨汁"心"字

甘露文字

● "文字的宇宙",
从朝鲜李朝盆栽树木文字绘开始,
一根树干左右摇动,写成一个字;
树干内部充满树汁流动,
甘露送达枝叶、花、果……树木的每一角落,
树木文字屹然而立。
● 也有形状像文字的酒器,
在弯曲的文字骨骼中,蓄藏芳醇美酒,
人吞下文字的体液(文字液),
体内吸收文字精髓,醺然陶醉。
● 光润的文字姿态,由丰富的文字液支撑;
滔滔文字甘露,
结合充满生命的文字之一笔一画……

"寿"字结仙果

● 结出长寿仙果，活生生的文字树盆景，充满独创性的朝鲜李朝文字绘，好像把灵妙的时间长流捏塑起来。

● 宫廷贵人神高气爽，摆袖阔步，童子紧随在旁，手捧栽植一株蟠桃的白瓷浅钵。

● 树干的走势，因为悠悠岁月而左弯右曲，自下而上形成祈求长生的"寿"字。垂端长出五个蟠桃，三千年一结果，相信有幸一尝，能与日月天地同光。

● 寿字树干里，充沛的体液静静流动，无数根毛吸收地下水，变为甘露树汁，随导管把大量养分不断送达树梢，树形充满活力。

右页图为朝鲜李朝（1392—1910年）民画《桃果桃源图》，出现"寿"字盆栽。此外还流传"年""益""富""福"等文字树的盆栽图。上图为"福"字树盆栽，李朝民画，作者不详。

祈愿生男的花文字

◉ 装饰新房的八片屏风,
大朵牡丹开满画面,
花团锦簇象征家族繁荣、夫妇和合。
枝叶纠缠的树相中,
出现牡丹树干曲折婉转成"男"字。
"富贵""康宁""多男"等吉祥语句,
都寄托生男祈愿。
◉ 华丽的象征,花中女王——牡丹,
朝鲜李朝以之暗示富贵、诚实、幸福,
视为女性花。与隐遁之花——菊、
君子之花——莲并列,
中国诗人则称赞牡丹为富贵花。
◉ 盛开的牡丹,象征婀娜女性美,
牡丹花与代表生男的"男"字,
对比鲜明,都充满对未来的期待,
反映对富裕生活的期望。

右页图、上图为朝鲜李朝民画八曲屏风《牡丹图》之"男"与"康",另有"贵""宁"等,作者不详。

祈愿五福捧寿的香炉寿字

● 青铜香炉，一缕青烟，
转了几道圈圈，慢慢缭绕而上，
最后结成一个祝愿万寿无疆的"寿"字。
● 香烟的尾端变化为五只蝙蝠，
围绕"寿"字飞舞，"蝠"与"福"同音，
所以象征带来多福、多幸的圣兽；
下方出现宝物、瑞兽，更增热闹、兴旺。
● 香烟寿字，自下而上，笔顺逆势运动。
从大地通往天界，
从现实的长命通往至极的长寿……
寄托延命百岁的期望，
结合意表的构思，
写出来的"寿"字。

右页图为广州民间艺术博物馆入口门扉木雕"寿"字，另一面为"福"字（上图）。

融入虚空的香烟祝词

● 台湾古镇鹿港,名刹龙山寺,
缭绕不绝的紫烟,笼罩境内的善男信女。
● 香炉中央燃烧的"寿"字形线香,
好像高举双手、两足踏地的祈福人形,
保佑自己长寿或子女未来幸福、平安。
● 希望自己的祈求上达天听,
描摹蜿蜒起伏、优美"寿"字的袅袅紫烟,
最贴近人们纯朴的信仰内心。
● 向往长生、延年,未做完的梦,
源源不绝托付线香,
"寿"字变为绵延不断的一缕香烟,
香烟轻快地化为涡卷,
慢慢融入广阔的虚空。

右页图为笔画左右对称的"寿"字线香,台湾彰化鹿港龙山寺,高15厘米。"寿"字形千变万化。

挂香的"线寿"文字

● 再介绍鹿港龙山寺终日燃烧的
另一种线香。微暗的大殿，
垂下的"挂香"，
正位于稽首信者的上方。
● 一条细长的线香，
卷成漩涡状的"挂香"，好像大蚊香；
当手提起绑在中心位置的丝线，
一瞬间化为涡卷上升的鲜明圆锥形，
若在最下端点火，
香烟则仿佛螺旋升天。
● 仔细看"挂香"顶点，
好像花瓣飘动的线香线条，
竟然结成精彩的"寿"字。
似乎等待香烟到达，祝福长寿成就；
顶上的"寿"字，也是莲花瓣。
人心与佛世界的温馨结合，
隐藏在挂香顶点的匠心里。

右页图为涡卷圆锥形的大线香，中心点隐藏莲花形"寿"字（上图）。台湾彰化鹿港龙山寺，高40厘米。

芳香文字

● 干脆明了，直线延伸，构成"香"字。
白色纵长的"香"字，固定东西南北四方位，
顶端有插香用的五个圆孔；
这件白色瓷制香座，容易让人错看为现代设计，
其实是朝鲜李朝的简洁造型。

● 香，让人陶醉，引入忘我境地，
具备神秘的咒术作用。
古代中国已通过焚烧黍稷堆，
以强烈香气祭天，成为结合神与人的桥梁。
意味芬芳香气的"香"字，源于"黍"，
据说可追溯到汉代。

● 香座，插五炷香，中心与四方位配合。
五即金、木、水、火、土，象征阴阳五行，
于是与"五香"结合，
或令人联想佛教曼荼罗中心部之五坐佛。

● 静静燃烧的五炷香，
暗示天地自然相生相克的活动；
或五佛慈光带来救济与觉悟之道。

右页图为四方位出现"香"字的朝鲜李朝白瓷透雕香座，高7厘米，直径11厘米。汉字"香"字形来自"黍"之象形（本页右图）。

注满"福"的美酒文字

● 联想起樽形的丰满瓷制酒器。
造型特殊的"福"字形酒器,
似乎想留住昔日喜悦。
"福"旁之"畐",据说源自酒樽下方浑圆的造型,
意味"满"。
● 也有一笔草书"寿"字的素三彩酒器,
皆为江西景德镇出产。
● "寿""福""禄"等吉祥文字,
传达人人羡慕的神仙世界的瑞气。
把醇熟美酒注入"福"字形酒器,
注满一点一画文字的每一角落。
● 芳醇的福字甘露,
是长寿不老、招福的无上妙药,
含在口里,
飘飘然醉游桃源仙乡。

右页图为清代素三彩"福"字形酒器。本页右图为相同趣味的"寿"字形酒器。

融合为一的对极文字

● 银与铜的不同金属组合,
有两个壶嘴、器形圆滚的蒙古水壶,
壶身又贴上花纹,
中央有两只蝙蝠相对组成的"方寿",
左右则各配一个"圆寿"。

● "一"个球形的壶身,加上"二"个壶嘴。
一与二的鲜明关系,多出现在此壶上,
连寿字都有"圆寿"与"方寿"的对比;
日—月、男—女、天—地、生—死……
把这世界分开、对比,又融而为一,
一既是二,二又是一。
在这造型奇特的水壶身上,
岂不凝聚了东方的睿智?

● 从两个壶嘴,
可以服务左右两边的客人,
奶茶、马奶酒、专心一志……
倾注芳醇的液体。

右页图为有两个壶嘴的蒙古铜制水壶,器表装饰变形"寿"字之"方寿"与"圆寿"(上图)。两个壶嘴作吐出的龙子"蚩吻"状,极似方寿之手、足;清代,蒙古国立艺术博物馆藏。

大瓮的"水"字

● 大型丹波烧（陶）水缸，
先在器表上单纯用平板状的土粘贴成"水"字，
然后入窑烧制；它舒畅的表情，
好像等待自天而降的甘露，
满满地留在自己的缸里。

● 土，得到水的力量，变为软软的黏土，
又用手改变成容易加工的素材，
古代土器可以证明土的造型自由阔达。
源自"须惠器"的丹波陶，
不使用釉药，经过长时间高温素烧，
意外地变化为赤褐色，
壶、瓮、擂钵、德利（酒壶）、灯具、花器、茶器等产品，多彩多姿，为日用之所需，支持人们的生活。

● 土，
融入地母神的丰穰力。
与水相会，
加热于火，
隐藏的地力温润生活，
化身为活生生的文字。

右页图为粘附"水"字的丹波陶水缸，口径32厘米，高30厘米；17世纪，日本丹波古陶馆藏。家屋的山墙、墙壁常配置"水"字，表示"伏火"的咒字。上图为装饰仓库山墙之"水"字。

镇火文字

● 日本民家的休憩场所，
中央有称为"围炉里"的炕炉，
设置可以自由调整高低的"自在钩"，
挂着随时准备摆在火上的
锅子、饭锅、铁壶，
是充满生活智慧的民家不可缺的用具。
● 以榉木、桧木为材料，
大刀阔斧刻制而成的"自在钩"。
右页图两件，模仿称为"菊水"的水流、
"鲍鱼熨斗"的礼签图案；
菊水以草书体"水"字配菊花，增添风情；
另一方面，奉献神明、
赠送贵客的祭品、
礼品所附的"鲍鱼熨斗"，自古备受尊崇，
视为招福的庆宴道具。
还有鲤、鲷等吐水的姿态，
表示防火的期望，
是许多自在钩的主要设计主题。
● 招来水流、大海回响的自在钩，吊在炕炉上面，
由于水的护持，得以压制火力，
既作为"伏火咒具"，
也增添了一家围炉团圆的和谐气氛。

右页图为模仿"熨斗"（右）与"菊水"（左）的自在钩；日本民艺馆藏。上图为吊在炕炉正上方的粗壮木雕自在钩，利用锅的重量及拉绳摩擦，调整高度。

映写闪亮的"川"、流动的"水"

● 帅气匠人爱穿的蓝染工作服,
称作"印半缠"。
背面防染出三条纵粗线,下摆为三条横曲线,
对比配合,可以看出是川流、水面,
设计新颖、洒脱。

● 轻轻晃动的"川"字,
远望水波荡漾,大概是俯瞰的形状;
三条纵曲线,线与线之间互相靠近,
好像画草图一样,断断续续,
这就是古代"水"字的原型。
川字、水字都起源于反映"无数水流"的三条纵线。

● 另一方面,
装饰下摆的三条曲线,从视点来看,
应是水平视波面的样子。

● 闪亮的川、流动的水,
有节奏地表现在单一蓝染上,
匠人熟练的技巧,
增添轻快风趣。

右页图为日本江户时代蓝染工作服,署名"鸟居坂川崎",日本民艺馆藏。本页右上图及右图分别为三竖"川"字产生的"水"字变化,以及配合龟甲内"龟"字的蓝染工作服。

招来丰饶的"山水"文字画

◉ "山"与"水"二字结合的现代文字画。
"山"字，涵蕴涌云、树木、飞鸟；
肥壮的"水"字，有草花，树叶飘摇，
鱼、蛇游于川流。

◉ 深山包容丰沛的水，
丰饶的山野包容草木花虫，
山林生气蓬勃，
都豁达地表现在一幅文字画里。

◉ "山"字由三道强而有力的垂直线构成，
流动的三画则构成"水"字。
所谓"一生二，二生三，三生万物……"
三表示无数、万物。

◉ 生命诞生，丰饶流转，
山与水，说明自然活气的根源。
独创的文字意匠，
为现代日本代表工艺家芹泽銈介的作品。[★03]

右页图、上图皆取自日本"人间国宝"工艺家芹泽銈介的文字绘作品。上图"山"字间，有云朵冒出，涡卷流水，洋溢自然情境。

静心枯山水之"心"字

● 日本寺社、城郭的庭园里,
有的水池形状模仿"心"字,称为"心字池"。
草书体的心字或其他的水文字,
是引导水流的优美字形,
让瀑布落水畅通的字形。
● 京都妙心寺的心字池,
属于禅宗独有的"枯山水",是无水的心字池。
心字池的形,不拘泥打造成心字形,
而是有趣地处里了复杂的汀线,
最后也仍然完成了明显的"心"。
● 体验镇心、解脱的草书体"心"字,
用白砂一体铺陈;面向石庭而坐,
观想非水的白砂流,听不到的潺潺水声,
却已在心中响起。

京都妙心寺退藏院方丈庭园,室町时代狩野法眼作。右页图为其俯瞰图,池崎功作。本页上图为其实景,右下图为梦窗国师作庭术所示引流、掘池技法三种。

反映净土的梵字池

- 密教寺院绘图，
记录境内范围的结界图之一叶，
金堂与讲堂建立于中央。
阿弥陀如来的金堂前方，有不定形的水池，
由池形判断，解读为梵字"阿"。
- 以文字形为池，此为梵字池之一例。
"阿"即"阿—哞"之阿，
开口发"阿"声，扩大声响，
宣告宇宙始源、森罗万象之诞生；
一说全宇宙集约于此字，
密教盛行观想梵文阿字，通过阿字，
与大日如来合为一体的"阿字观"行法。
"阿"字响动水面，
池上西方净土的慈光辉煌耀眼。
- 梵字池中央，
有结合净土与现世的平桥与拱桥，
架设的两座桥，紧紧联系阿字形。

> 右页图为神奈川县金泽称名寺之结界图，朱线表示结界区域，1323年，95厘米×91厘米。上图为密教"阿字观"冥想法，莲华台座上之"阿"字，可与池形相比较。

燃烧的"大"文字

● 八月十六日夜晚，俯瞰古都京都，
大文字山之半山腰，燃起一个大字，
此即雄大的"大文字烧"，
将祖先灵魂送往彼岸，盂兰盆会的放焰口。
用火写大字，世界无他例，其横划达73米，
左撇146米，右捺124米。
● 相传此"大"字出自弘法大师之笔，
驱除恶灵，灵验显著；
一说它代表人体，
火焰烧尽隐藏在身体里的七十五烦恼。
又传说如往黑盆里注满水，让水面映出火文字，
轮流饮用，疾病不上身。
● 此外还有"妙法""舟型"等，
用火书写的五个文字，
浮现于周围山上的地表，
把古都的阴翳包容在秘密的祈愿中。

右页图为京都市内所见东山如意之岳"大文字烧"。上图为同一天松之崎西山与东山焚烧之"妙法"文字。燃烧约30分钟的文字放焰口，告知京都夏天结束。

凝聚于灯火的祈念文字

◉ 铜制大"木"字，
灯火排列于一点一画上，中心有一"植"字；
这是园艺师傅献纳的献灯台，
祖灵与树灵合起供养。
◉ "木"下边有代表根部的"八"字形。
园艺师傅剪枝赋予树木新生命，
掘土，确保根部的活动环境，唤醒树力；
另一方面，燃烧木柴，为生活带来温暖。
容易燃烧的特质，
造就人类贵重资源和财产的火文化。
◉ 灯火熠烁的献灯台，
光罩"木"字，
静静照映园艺师傅面对山野林立的
树木生命，镇魂、感谢的心意。

右页图为东京深大寺昭和九年献纳的金铜制多灯形烛台，高163厘米，宽124厘米。上图为神赐给摩西的烛台（Menorah），七烛象征混沌之黑暗与生之不安中光辉的太阳、月亮、行星等。

烛台的"双喜"文字

◉ 朝鲜半岛昔日入赘风俗,
新妇须订做这样的烛台,
以备洞房花烛之用。

◉ 称为"火扉"的圆形反射板,
印上"囍"字,是祝福新婚的文字,
喜喜相合的"双喜",表示双方喜庆。
含蕴夫妇和合符咒力量之吉祥文字,蜡烛映影,
充满赋予年轻夫妇生活勇气的力感。

◉ 双喜字外缘,围绕相连的回文,
内侧有对文之蝙蝠、瑞云、蔓草、莲华,
都用纤细银丝镶嵌。
蝙蝠意味"福",瑞云暗示"运",
一起表示祈求"福运"。
主轴与支轴的连接处,还隐藏了透雕双喜字。
巧妙的构成,充满祝贺意匠。

右页图及本页右图为洞房烛台之部分与全图,朝鲜李朝后期,铜、铁制,全高95厘米,日本天理参考馆藏。

吞下文字，吃下文字

● 据说曲艺表演者上台之前，
在手心空写三次"人"字，
做势吞下，可以定心。
意思是不要紧张得好像被客人吞了，
而是要把客人吞了。
"吞人字"的诙谐下咒作法，
据说始于日本歌舞伎演员中村仲藏（初代）；
仲藏又以并列的三个"人"字，
作为自己的替代家纹。★07

● 吞字，吃字，属于"文字信仰"的形式，
现在仍处处可见。中国道教、日本民间信仰，
相信吞服烧成灰的咒文护符，
能把文字灵力送进体内，
充满符咒力的字画力量，使疾病得以痊愈。

● 落雁（一种点心）或月饼等，
用于祝贺的和果子，也印上长寿、吉庆文字。
肥圆形的"圣护院大根"（萝卜）上的梵字，
是一个赞颂释迦如来的" "（博）字；
这种萝卜适合大锅炊煮，
在释迦"成道会"之日食之，诸病厄除。

右页上图为"寿"字模型做出的祝寿和果子，秋田诸越"落雁"与京都薮内流茶道茶果子。右页下图为京都千本释迦堂"大根炊"，焦糖书写梵字后煮熟，据说能除百病。上图为模制饼，双喜纹。

招福食器的"万"字

萬

◉ 据说是清朝皇帝爱用的食笼,
漆金彩饰,直径达50厘米,
形成一圆相"万"字;
意味"多"的"万"字,源自佛教的"卐",
让人联想起凝聚吉祥万福的样子。
◉ 盒盖,装饰姿态不同的"万"字,
字间布满莲华、蔓草、飞舞的蝙蝠;
蔓草意"连绵",蝙蝠通"福",
整体解读为"万福连绵"。
◉ 盒里分成18格,
进呈盛入极尽奢华多种菜色的"万"字食盒,
集合"万福万寿"的醍醐味,
更添宴席的豪华、庆贺之意,
实为用与美巧妙结合的造型。

右页图、上图为清中期贡品食盒,称为"黑漆彩绘莲蝠纹万寿字形圆盒",高13厘米,直径53厘米,北京故宫博物院藏。

悠游"春"字的南极仙翁

● 大圆桃形涂漆盖盒,
为从前宫中盛装点心之用。
木胎上髹采数十层,待干后,再雕出模样,
堪称细致优美的彩色雕漆逸品。

● 涡形彩云中,作一端正的"春"字,
双龙居旁,笔画舒展,字形大方。
春字上面置一圆形,一老人坐于其中,
岂非南极仙翁?

● 拄杖南极仙翁,手持桃,有鹿相伴;
桃为仙果,而桃中有"春"字,春字中有圆形,
圆形中坐着手握桃的南极仙翁……
重重吉祥构造,无限循环之意图。
"春"字器的内部,
也是一个孕育长生不老的
"桃源乡"的世界。

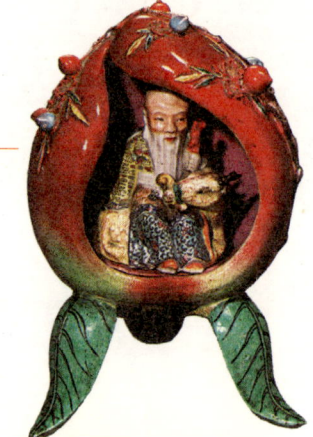

右页图为呈献清乾隆皇帝之
"春字合子",苏州制作,雕
彩漆(堆朱),直径35厘米。
上图为桃果内之骑鹿寿翁,
清代,陶瓷。

庆祝一阳来复的"春"字

● 白檀香木佩,细工雕饰,
此文字佩据云为清朝宫廷显贵所用。
● 繁茂的葡萄藤,
朝上方及左、右蔓延,
纵横无尽,交错复杂,形成一"春"字。
盘绕的藤蔓,处处生长成熟的葡萄,
象征多子多孙的喜悦,
又有松鼠嬉戏于房蔓之间,
都说明这是一个生气蓬勃的文字。
● "春"通"蠢",
虫类开始苏醒蠢动,
万物活动、生产的胎动季节……
一阳来复,
白檀香木佩出现回春光辉的文字,
戴在身上,也充满喜悦的心动吧。

右页图为白檀香木透雕松鼠、葡萄的"春"字佩;本页右图为"金点垂翠嵌珍寿喜盘长耳挖簪"。皆北京故宫博物院藏。

模仿常青松的吉祥文字

● 鼻烟壶,鼻烟的容器,
中国清朝初期,流行于宫廷、贵族之间。
● 来自欧洲的鼻烟草,
混合香药草,再磨成微粒状而成;
好烟者把烟粉装入小壶——"鼻烟壶"中,
兴之所至,拿近鼻孔嗅闻,
享受微醉的酩酊感及短暂的梦幻。
● 鼻烟壶中央,
浮出细长蓝色老松枝干蜿蜒形成的"寿"字。
常绿松及烟香,
也许代表至福与长生的双重意思。
鼻烟壶的材料有玉、珊瑚、象牙等,
也采用珍奇的宝物,
因为崇拜这些材料的神力。
● 极尽奢侈的鼻烟壶,
因其本身的魔力,也被视为护身符。

清朝皇帝喜爱各式鼻烟壶。右页图中央为"套蓝白玻璃鼻烟壶",白色玻璃壶上浮出"寿"字松树。另有小壶内绘精细彩图(上图)。

如梦的"寿"字凭靠

- 以黄金虚空为背景,涌云满天,
  写出梦幻般的"寿"字。
  大海正中出现长生不老仙人居住的
  "三神山"(蓬莱、方丈、瀛洲三山),
  全方位表现围绕仙境的种种瑞象。
- 神山灵气鼓动瑞云舒缓升空,
  连成耳状涡形,其前头膨胀如灵芝;
  无数莲华绽开,丰饶之气弥漫天空。
- "万"字蔓草则巡行外围,
  字与字间五彩灵芝丛生,
  据云灵芝为养生延命之仙药,
  相信长期服用,得体轻、延寿、成仙。
- 顶点有圆相"万寿"纹样。
  卍巴纹涡卷翻转,
  宣告凭靠不断释放祥瑞气运。

右页图为清朝黄底缎子刺绣"寿"字凭靠,顶点配有左右对称卍字组合的万寿纹,四周分布寿字莲花纹。上图为优美曲线变化的"寿"字。

有生命的墨汁"心"字

● 好像漂浮空中、鼓起的白色块,
也好像有光泽的云块,
这是留在砚之"海"(砚海、砚池)的墨汁。
墨汁云以四拍的节奏,律动的造型变化,
暗示"心"字四画的动态。

● 此砚为中国南方(福建附近)产品,
福建砚的砚海常刻成"心"字形。
汉字"心"字形,模仿生命力根源的心脏形状,
反映纤细的心思。

● 柔软的笔毫浸在"海"里,
乘着四画律动,释出膨胀在笔端的墨,
笔端或墨汁追寻砚海里的心字,
留住书法的心、文字的生命。

右页图为南海砚,四段云块变为"心"字形砚池,纵17厘米;左图之砚亦有"心"字砚池,纵19厘米;两者皆产于中国南方。

| 062 | 显示宇宙循环的文字意匠
| 064 | "圆寿""卍"裹身的蒙古盛装
| 066 | 镶嵌大宇宙的道士绛衣
| 068 | 呼应"寿""福"的民间服装
| 070 | 开在"小袖"上的烂漫樱花文字
| 072 | 附丽身上的诗歌情趣
| 074 | 风中起舞的白乐天诗
| 076 | 叛逆、谐谑的猜谜文字
| 078 | 辨庆的真言文字
| 080 | 口清齿爽,跳跃的"寿字虾"
| 082 | 祈祷渔获丰收,意气扬扬的印染组合文字
| 084 | 阴阳的力士装饰围巾
| 086 | 京剧的脸谱文字
| 088 | 灭却身心的经文威力
| 090 | 护身的文身文字
| 092 | 文字睿智临身
| 094 | 舞蹈的哈努曼,火之咒字

穿着文字

● 文字装饰身体的穿着、佩带，
从寿、福、双喜(囍)文字开始，
到把商标、符号、咒文、经文等缝绣、染上衣裳，
文字牵引着人的姿态、行动，
以装饰、护卫、凝聚灵力的纹样而受尊重。

● 日本小袖，缝绣诗歌，
把舞姿变为一首诗；
歌舞伎衣裳则出现暗号文字似的符牒、梵字。
中国皇帝、贵人衣裳大量使用
"寿""喜""万(卍)"。

● 文身，把文字直接刻在肌肤，
中国京剧演员脸上出现脸谱文字；
文字承担的意味，蕴含的活力，
让穿着文字把人变得非比寻常。

显示宇宙循环的文字意匠

◉ 金丝闪耀，绚烂华丽的朝服（仪礼服）；
九龙交错的衮衣（龙袍）炫光满堂。
清朝乾隆皇帝的孝贤纯皇后，[*10]
气质聪慧，尚节俭，深受皇帝宠爱。

◉ 在前幅装饰无数"圆寿"，
用珍珠、珊瑚串起祈求圆满长寿的花纹；
圆寿上的晶亮白色珍珠与朱色珊瑚圆珠，象征日月光辉。
圆寿纹从下摆往前襟开始活动，从海中升空，
到达上肩、胸口，甚至落入飞龙的掌握之中。

◉ 从地上天，从天下地……
好像宇宙气的循环浓缩，
气宇壮阔的寿字遍游宇宙，
上升的圆寿力量也引入皇后掌中。

右页图为清朝第六代皇帝乾隆之《孝贤纯皇后朝服像》，立轴，北京故宫博物院藏。上图为其细部，珍珠、珊瑚佩带整齐，红白"圆寿"发出宝珠光辉。

欢迎加入后浪读书俱乐部 www.hinabook.com  拍电影网
www.pmovie.com

- 加入我们，可以得到定期的新书信息、电子读书报、活动信息、
  后浪小礼物、购书优惠券、作者签名书籍和海报、毛边书等等。

- 俱乐部将从每月新增会员中抽取 3 名赠送当月最新出版的书籍一本。
- 会员书评投稿如获纸媒发表将有机会获得后浪新书 1 本。

- 欢迎登陆 http://www.hinabook.com 和 www.pmovie.com 了解更多活动信息。

*本活动最终解释权归后浪出版咨询（北京）有限责任公司所有

个人资料 (请务必完整填写并回传)

姓名 _____ □先生/□女士

Email _____ 生日_____年____月____日

固定电话 _____ - _____ 手机 _____

单位 _____ 职业 _____

地址 _____

QQ/MSN _____ 邮编 _____

读者调查表

您从哪本书得到这张卡片的? _____

您从哪里购得本书的? _____

您的阅读方向? _____

您还希望我们出版或引进哪类书? _____

您的意见或建议? _____

如何加入后浪读书俱乐部?

1. 拨打热线010-57499090，向客服人员登记您的信息。
2. 发短信至18811421266，我们将回电登记您的信息。
3. 将此信息登记表传真至：010-64013086
4. 登陆网站：www.hinabook.com，点击右上角"注册"，填写会员信息登记表。
5. 邮寄至：北京市东城区景山东街纳福胡同13号北楼2层 后浪出版咨询（北京）有限责任公司 邮编：100009

欢迎登陆后浪出版公司官方直营店 http://bjhlts.tmall.com
服务邮箱 buy@hinabook.com 服务电话 13366573072 010-57499090

"圆寿""卍"裹身的蒙古盛装

● 蒙古哈尔哈族女性正装，完全裹住身体的华丽外衣，华美、威严的吉祥纹样，装饰得天衣无缝。
主要花纹有四：圆寿纹、卍字、大莲华、翅膀似云的蝙蝠，还有连续不断的吉祥结、象征阴阳太极的双鱼纹……

● 圆寿纹、蝙蝠纹、阴阳双鱼纹，来自汉族；
卍字纹、莲华纹随佛教自远方印度传来。
圆寿纹被纳入象征天的圆相里，有如迷图变化，祈愿长寿；
圆寿几乎都左右对称，使迎祥意象倍增效果。

● 吉祥花纹重重裹住女子全身，
蒙古大草原、满天祥瑞祝福正装的女性们。

右页图为蒙古《哈尔哈族女性正装像》，纵170厘米，蒙古国立美术馆藏。本页右图为变化自在的"圆寿"与"卍"字纹，两个"寿"字相向，左右对称，清代。

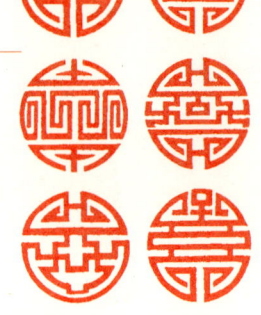

镶嵌大宇宙的道士绛衣

● 在深红绢地，用金丝、银丝缝上许多图案的华丽衣裳。
中国道教的庄重仪式里，道士穿着最高级凝聚法力的"绛衣"。
长方形绛衣之上，
狭窄空间里挤满了中国吉祥纹及秘藏咒力的文字、护符。

● 遍布的寿字，好像浮游群，从下摆处的大海，
沙沙作响地化为云，飘向天空；每个字姿态变化不同，缓缓升天。
七个大圆形，表示北斗七星的光芒，
上面的三星，则是司天下兆候的"三公"。
在心脏的位置，有双龙护巡的天界黄金楼阁，
二十八星宿如珠玉般串成外围。[11]

● 同时还有"五岳真形图"的加持，
是耸立于大地中央与四方位的圣山、地灵力的咒符化。
皇帝祀五岳，祈祷国泰民安。
站立地面、披挂绛衣的道士，
好像以双肩通达天界，
向天帝居住的世界传达信息。

右页图为道教道士仪礼服"绛衣"之背面及穿着示范；背面心脏位置出现天界黄金宫殿、楼阁，八卦纹围绕袖子，昭告摄理天地自然，贺祉思藏品基金(香港)藏。上图为科仪场面。

呼应"寿""福"的民间服装

● 红与青的鲜明色彩对比,
直线与波状线的节奏交会产生的跃动感;
静与动共存、对立的卓越设计。
这是百年前台湾女性的鲜艳民族衣裳,
衣襟上有装饰化的"寿"字纽扣,扣上时,就出现面对面的双寿字。
● 弯曲的"寿"字,有如双鱼水中游,
或春天苏醒的一对雌雄青蛙,充满生气。
右侧扩展的大图案,看起来像石榴,也勾人想起蝴蝶、蝙蝠;
从另一角度看,也可视为"福"字的变化,
寿、福相呼应,相信会为衣服的主人招来好运。
● 对长寿、多福的无穷想象,
文字的力量、祥瑞的形,把吉庆的愿望,
缝入穿在年轻女性身上的衣裳里。

右页图为百年前台湾民间衣裳,女性上衣"大裪衫",衣襟好像画个大圆弧,用布钮扣住。本页右图为穿大裪衫的女性,取自天津杨柳青年画。

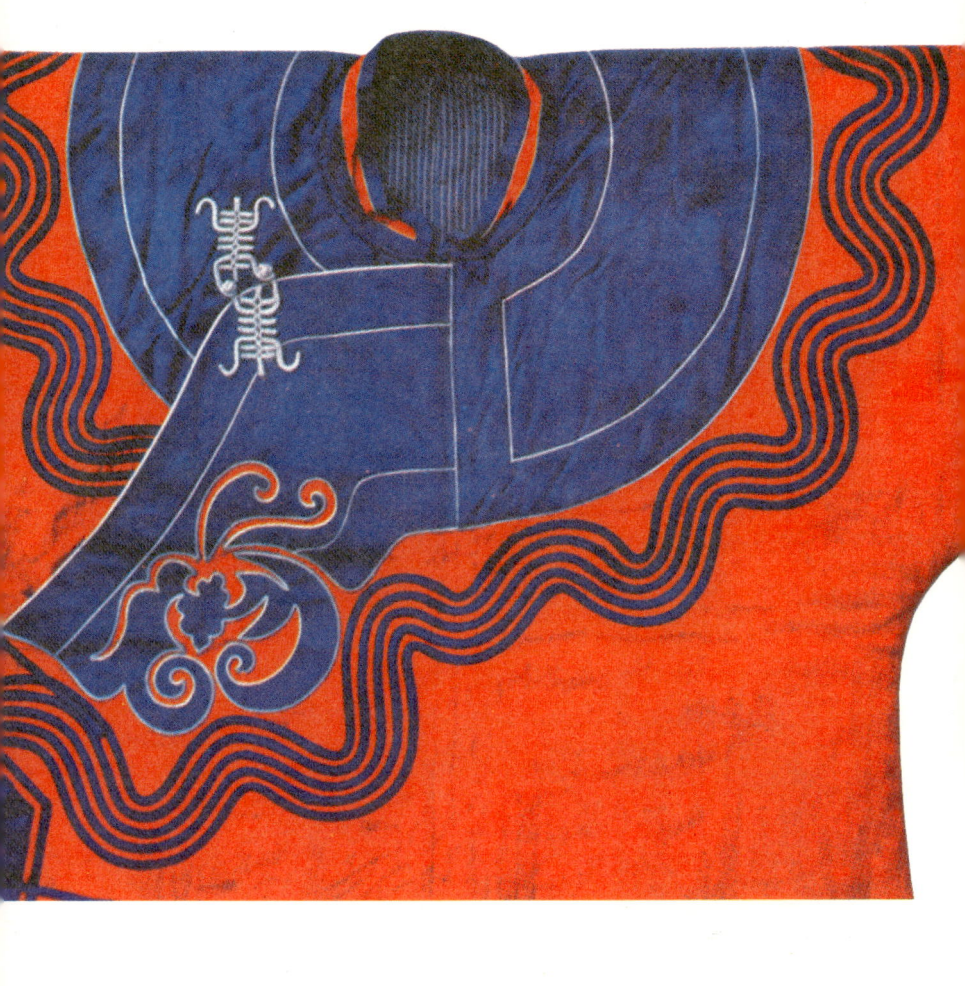

开在"小袖"上的烂漫樱花文字

● 这件黄色缩缅地(绉绸)"小袖"(一种窄袖便衣)上装饰的图案，
称为"立树纹样"，一株蜿蜒成长的樱树，
有六个字跟随花开，更显灿烂。

● 衣服后面是"春""识""始"，前面是"风""机""非"……
看着伴随樱花盛开点缀的六字，
脑中不禁浮出《和汉朗咏集》之一首诗：[★12]

始识春风机上巧
非唯织色织芬芳

盛开争艳的樱花，由于运用在花瓣、花蕊的形染配色、刺绣变化，
花花不同，独见创意功夫。"百花缭乱"，一树多样花，
一齐开放，实在不可思议……

● 穿着华美小袖的女性，一诗上身，
又被多彩樱花包围，
立姿女子仿佛变身为一棵花开树。

右页图为日本江户时代中期"黄缩缅地樱树纹样、文字友禅染"小袖，表现"立树纹样"的名品。上图为印度更纱染生命树，孔雀看守一棵大树，周围百花缭乱，19世纪。

附丽身上的诗歌情趣

◉ 松口气,纳晚凉;年轻青楼女子的样子,坐在长凳上,
手持玳瑁梳子整理发髻……
长脸端正的面貌,敞胸,腰系腰带,随风飘摇。

◉ 外衣上散布反白文字,重叠在细字上面的大字,
肩甲部位出现"平沙落雁",下摆出现"山市晴岚",
皆描写中国胜景"潇湘八景"的画题。
周围还有"胧月""远庭野""暮""花"等文字,格外情绪留连。

◉ 立姿美人画,黑色衣服处处是书写和歌的"色纸"(厚纸笺)图案,
每一首变化不同主题,相异的情绪,
仿佛从淑女身上散发出来。
文字小袖融入精巧的"友禅染"法,
尤其流行于江户末期。
散布的大字,暗示知名的和歌、汉诗,
深受有文学素养的贵族、武士阶级之风流雅士欢迎。

◉ 缝入言语、渲染诗歌的文字衣裳,穿在身上,
人的姿态也像诗歌一样地舞动。

长袖和服,散布文字,右页右图为梅佑轩胜信《缘台美人图》,右页左图为梅翁轩永春《立美人图》。本页右图亦为梅佑轩胜信之作《美人图》,日本江户中期。

风中起舞的白乐天诗

● 画中的大扇图案。扇面卷起一阵风,文字摇动……
经过"鹿子绞"的布上,刺绣豪华金丝,[13]
这是日本江户时代的"宽文小袖"。
在光滑的"绫"料上展现图案的明快构成,令人印象鲜明深刻。

● 周围散落的圆形里,
有落、鹤、杯、中、五、老、峰、千、年等文字,
故知此来自《和汉朗咏集》中白居易(乐天)的《题元十八溪居》:
"声来枕上千年鹤,影落杯中五老峰。"
初秋访好友元十八的庐山(江西省)庄园而作。
白乐天咏诗,配上大把扇面,可以感受溪谷秋风习习吧?[14]

● 下图两件小袖,出现剪贴的"千岁"二字,
及以"型鹿子"技法染的"若竹"二字。
若竹与《源氏物语》之《胡蝶》一帖有关,
表示祝长寿、返老还童的文艺文字,与竹篱笆背景大胆并列,
于是在称为"谁袖图屏风"上,再现艳丽的衣裳之美。

右页图为"谁袖图屏风"描绘文字小袖;右页上图为白绫地上配扇面及圆圈文字;右页下图为称作"纶(绫)子地"之丝织物配竹篱的文字小袖。本页左图为载于《百撰飞那形》书中之"穐(秋)"字文字小袖。

★译注 意为"某某和服图屏风",是一种把挂在衣架上的和服模样如实描绘下来的绘画主题。

叛逆、谐谑的猜谜文字

● 歌舞伎《义经千本樱》中《渡海屋》的场面。
为追讨拟渡九州岛的义经主从，张开双脚作拔刀架式的男子，
是第七代市川团十郎演的相模五郎。

● 第七代市川团十郎为日本江户时代能演出多彩角色的歌舞伎名演员，
身穿厚棉袍，下穿有如绑腿的"立付袴（裤）"，
白色底黑文，茶色底白文，衣裳配色俐落，
布满"镰""○""ぬ"三个猜谜文字。

● 三字合为"镰轮奴"，日语音同"没关系"的意思，
是一种语言文字游戏。
当时受严格言论自由管制的市民阶级，
竟然把叛逆、谐谑的情绪大剌剌地表现出来，
并印染于衣服，据说在江户时代大为流行。
其他还有"斧—琴—菊"（问好事）、
"钟—水—云"（钱滚滚）等各种猜谜花纹。

右页图为日本江户文化、文政期浮世绘师国贞所作相模五郎"役者绘"（以歌舞伎演员为主题的浮世绘）。上图为精彩染出的"镰轮奴"纹样，取自《近世奇迹考》，早稻田大学演剧博物馆藏。

辨庆的真言文字

- 歌舞伎《劝进帐》[★16]的有名场面。辨庆追随义经，企图前往奥州，落脚北国，在北陆路安宅检查哨时，怕被识破，于是打扮为山中修行僧，朗读劝募书，化解危机。
- 山中修行僧打扮的辨庆，高举锡杖亮相。山中修行僧是隐藏灵力的密教"修验道"的修行者，头巾代表密教最高尊大日如来，胸悬"结袈裟"的白珠，象征四体佛（如来），身穿的"铃悬衣裳"，象征曼陀罗。第十二代市川团十郎穿的"铃悬"，浮现金色梵字。梵字字字清楚，而且是"㘚满"两字组合。
- "㘚满"是山中修行者的守护神不动明王的祈愿咒文末尾的两个梵字，意味"大空行"、"无我三昧"的震响。身怀灵验两梵字的修行者，潜入山中，受山力锻炼，祈愿成就严峻修业。

右页图为第十二代市川团十郎饰演辨庆的舞台姿态，摄影：吉田千秋。左为第九代市川团十郎饰演辨庆的"役者绘"，黑底金色的"㘚满"两梵字，强而有力。

口清齿爽，跳跃的"寿字虾"

◉ 演戏开幕，富士山耸立在明亮的舞台正面。
一位英俊小子穿戴头巾、护手，背负药箱，
右手持扇，左手拿着"外郎"，边穿过观众席的通道，边叫卖吆唤登台。
这上演的就是《外郎卖》这一幕。

◉ 所谓"外郎"，即"透顶香"，
是一种现在日本小田原仍在生产的良药；
具爽口、除胃热、驱头痛、克好困等药效，甚受欢迎。
其实贩卖"外郎"是苏我五郎的伪装，他相貌堂堂，谈吐优雅，
风度不凡，与兄苏我十郎，为报父仇，来到富士山脚下。

◉ 右手的道具扇，上面画着虾形"寿"字，
表示扮演此角色的市川海老藏的名字，日文"海老"就是"虾"的意思，
希望：活跳跳→有架势→腰身能屈能伸般地长命百岁，
带来祥瑞的海老藏花纹，
巧造地配在市川家演员的衣裳上。

右页图为江户后期浮世绘师丰国画《外郎卖》，取自《十八番之内十一，外郎》。本页右图亦为丰国画《十八番之内十，镢》，皆表现第七代市川团十郎服饰上的"寿字虾"。

祈祷渔获丰收，
意气扬扬的印染组合文字

每年

● 渔夫祈求丰收的衣着，称为"万祝"或"舞祝"，
华丽、大胆的印染设计，使千回、万回迎接满载的庆典舞蹈气氛，
沸腾到最高点。

● 右页图文字画为设计万祝的型友禅染纸型画稿。 ★18
画面上以朱、绿、黄三原色的绳搓成辟邪、招福的"注连绳"，
形态如虾，弹力十足；好像稳稳重重的一个字，
位居群青波浪的背景中央，细看可判读为"每年"。
合成的吉祥文字，添加注连绳、升斗，意味"每年悬挂注连绳"，
传达了日本房总半岛的男子用视觉表达捕鱼作业的气魄。

● "大渔""年年大渔""年年增殖"等登上万祝衣服的文字，
周围又尽是鹤龟、浦岛太郎、龙宫仙女、宝船，
还有大黑天、惠比寿等吉祥图案，洋溢着祭典活力。

右页上图为《万祝模样雏形本》
（江户末期）中描绘的"每年悬挂
注连绳"。右页下图为"万祝"全
容。左图为注连绳型的大渔宝
船万祝设计图，日本白滨海洋
美术馆藏。

阴阳的力士装饰围巾

● 日本相扑据说可溯至弥生时代，原为祭神祈求五谷丰收。威严的巨躯力士，抬腿踏地，称为"四股"，驱除地中恶灵。在清洁的身体围上注连绳（横纲）与围巾，华丽尤著。

● 土佐藩旗下力士两国梶之助的围巾，装饰奇特的"白一黑一"文字。白色"一"字代表清澄的"天"，黑色"一"字代表沉重的"地"，也表示阴阳二气变化轮转；整齐并垂的金色小穗，则代表稻穗。

● "一"字，显示"合为一"、"独一无二"的力量，白与黑的绝对对比，象征充满天地的阴阳拮抗，与白星、黑星的相扑胜运。

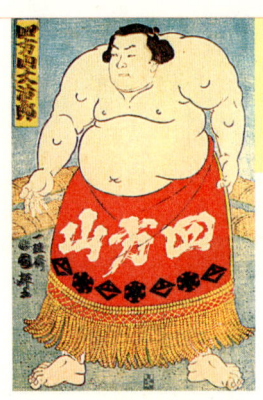

右页图为力士两国梶之助的"白一黑一"文字装饰围巾，一曜斋国辉作。左图同为一曜斋国辉作锦绘《四方山大治郎》，两者皆香山磐根氏藏。

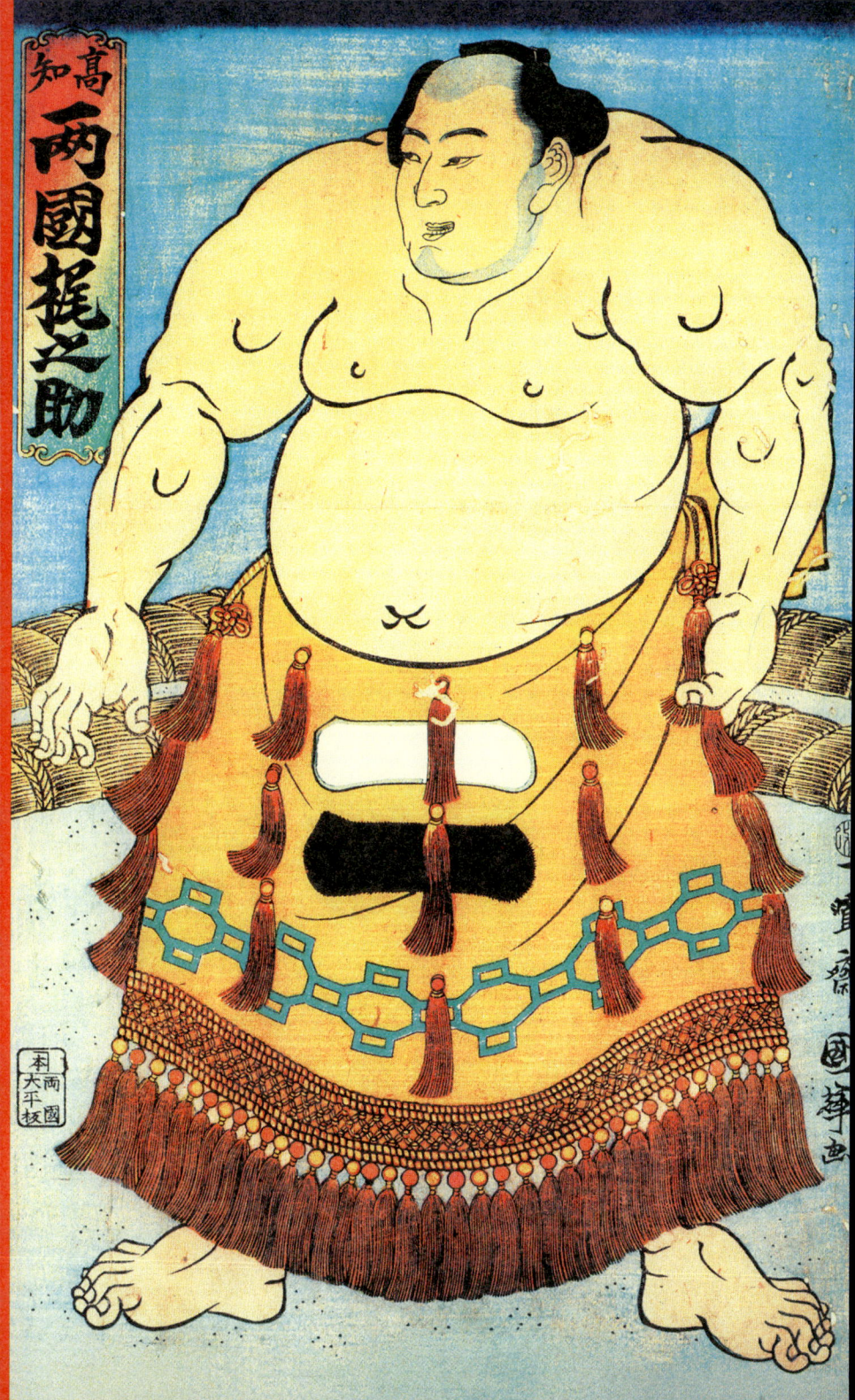

京剧的脸谱文字

● 震耳欲聋的锣鼓声,宣告京剧开演。
抽抽搭搭、如歌如泣的胡琴,绚烂至极的戏装,
有如曲艺、气都不喘的武打……京剧的热闹,
立刻把观众卷入兴奋的漩涡,魅力无比。

● 尤其夺目耀眼的,是戏中人物令人讶异的脸;
京剧勾脸称为"脸谱",与戏服合为一体,对于呈现架空的梦幻世界,
举足轻重。如此有助于观众理解角色的性格和内在的情绪。

● 这是额头勾"寿"字的脸谱。黑在京剧中为忠诚之色,
加上额头印文,表现武将的忠心,
以及文字秘藏力量的双重意义,于是不寻常的符咒力依附身上,
可视为古代"文身"和武将面具的痕迹。

右页图为额上有"寿"字的忠臣杨七郎[19]脸谱,取自周鹰龙《京剧脸谱》。本页右图同为杨七郎脸谱,画法因演员不同而有差异。

灭却身心的经文威力

● 盲僧琵琶法师芳一,弹唱名手,尤其弹《平家物语》音调绝妙,不仅有一般听众,更引来彷徨附近的平家怨灵。寺院住持注意到芳一每晚至亡者墓前弹唱,于是:"……日落之前,芳一裸身……用笔……在芳一全身,从胸、背、头、颈至足底每一处,无不写满般若心经……"记载于日本江户时代宽文三年(1663年)的《曾吕利物语》,后经小泉八云改写,成为怪谈《无耳芳一》之一节。

● 芳一尽管有和尚写满全身的《般若心经》,以符咒力隐身,但夜访的平家亡灵,仍把他的双耳扯下来,原来双耳的地方忘了写经文,于是浮现芳一的双耳。

● "无眼耳鼻舌身意……"
灭却身心的经文威力、文字力,
在失耳的盲琵琶法师故事里,
又是另一种说法。

般若心經

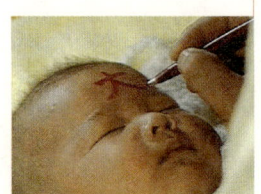

右页图为在芳一身上写满《般若心经》经文,却忘了双耳……取自小林正树导演的电影《怪谈》(1965年,东宝),中村翫雄饰演芳一。上图为小儿初入神社谢神或学步时,在额上书写文字,京都所谓"绫子"之辟邪习俗。

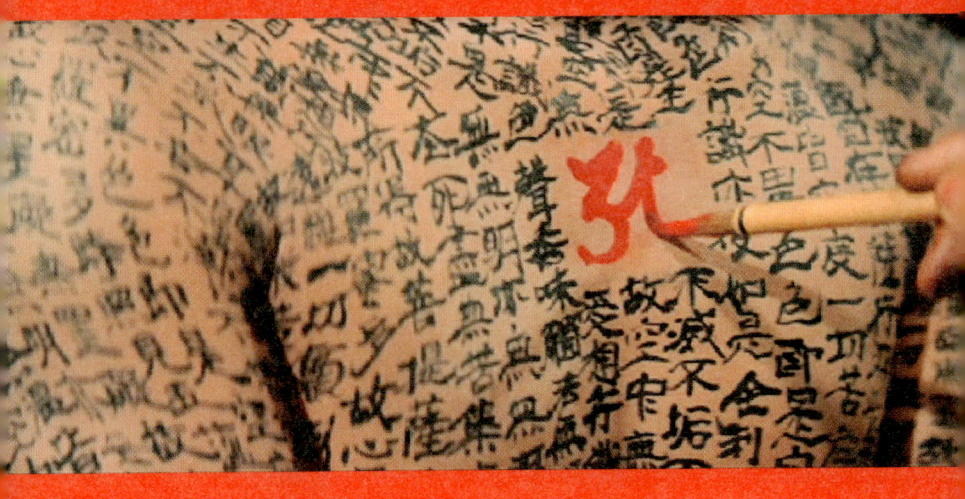

护身的文身文字

● 高棉男子的文字护符文身[20],文字潜藏的圣力、
神佛的加持力,在胸前扩散开来。
文身与化妆,都是古代社会广为流行的身体装饰技法。
● 祈祷、净身后,在脸部、皮肤印上花纹,施彩,
再用针刺破皮肤,入墨、朱及着色,雕刻圣文、咒文;
于是人体肌肤拥有神通力量。
● 泰国、柬埔寨、越南和缅甸等地之文身,
出现一排排神佛形态的
咒文、咒符,覆盖胸、背,
避子弹、除灾厄的护符文字,
化为留住神佛力的皮肤,
保护男子身体。

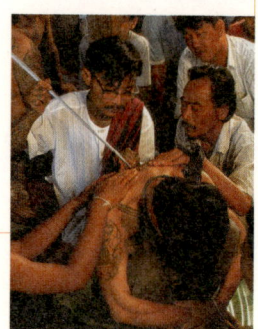

右页图为高棉人胸、背上的佛教咒文、咒符。上图为文身的过程。左图为咒符之例。

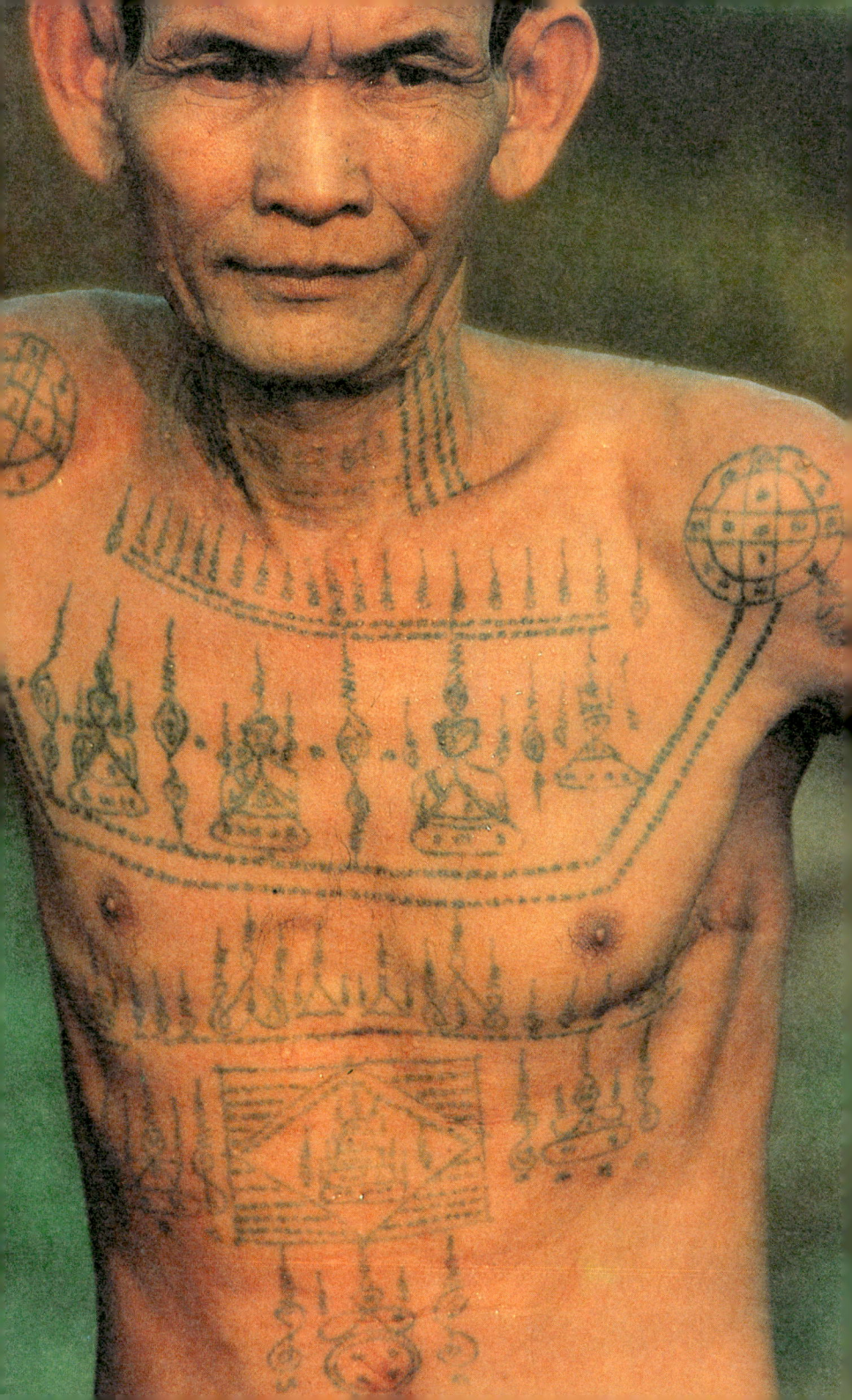

文字睿智临身

◉ 这件中国衬衣上密密麻麻书写了《论语》、《孟子》，内容是古代圣贤的教诲，据说为参加科举的考生的穿着。

◉ 科举从隋朝至清朝，持续1300余年，为官吏登用的资格考试，内容有解读"四书"、"五经"和作诗、作文、政论，测验儒家学子的教养程度。殿试成绩居上者称进士，前三名为状元、榜眼、探花，视为无上荣誉。朝鲜也有科举，高丽时代以来曾举行盛大的科举考试。

◉ 百中择一，为了金榜题名，聚精会神地书写在衬衣上，让文字接触肌肤，祈求智能的力量、文字的心灵渗透身体每一角落。

右页图为写满《论语》、《孟子》的衬衣，显示对科举之执着，明代。上图为《宋朝科举图》，宋朝重视文人，宰相、大臣多为进士出身。

舞蹈的哈努曼，火之咒字

● 猴王哈努曼，拥有超能力的守护神，深受印度民众崇拜，有单独供奉的庙宇。这是赞颂哈努曼的咒术图像，叫"哈努曼神圣图形"（hanuman yantra），哈努曼的全身和周围，都埋没于咒文与护符里。

● 哈努曼的活跃事迹，见于梵语大叙事诗《罗摩衍那》[21]，他帮助主人公罗摩王子，打倒恶魔王罗波那，救出被拘禁于锡兰岛的罗摩王妃悉多。据说哈努曼就是中国家喻户晓的《西游记》中孙悟空的原型。

● 哈努曼神力无比，金身辉煌，全身象征宇宙能量，被视为"风之子"，轰隆隆于空中腾云驾雾。

● 哈努曼拥有克服"火"的神力，"哈努曼神圣图形"上也有梵文" "（dharma），即火的标志，重复出现在肌肤上，发挥非常的灵力。

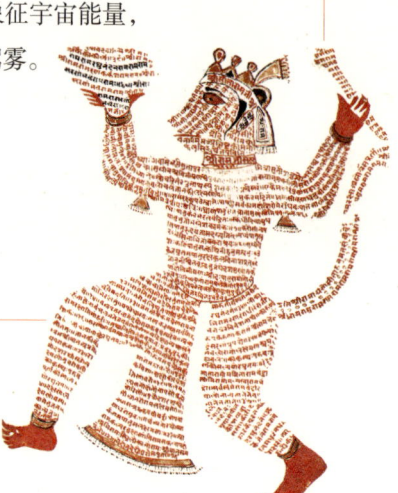

右页图为"哈努曼神圣图形"，表现咒文、魔术方阵和占星术，印度，18世纪。本页右图为全身红字咒文（火之象征）的"哈努曼神圣图形"。

098 | 龙纹头冠上的"福"字
100 | 山神的"招富"文字
102 | 头顶宇宙圣字
104 | 静与动,奇状头盔的祈愿梵字
106 | 新娘头冠的金"螺"、银"福"文字
108 | 花簪的"福""寿"文字
110 | 异境诱惑,梳之文字
112 | 韩国荷包的庆"寿"文字

3 头戴文字

- "顶戴"是为了覆盖身体，
  "装饰"是为了解放灵魂；
  于是在顶戴、装饰物品上竭尽智慧与匠心，
  包裹屹立于宇宙正中央的人体。

- 冠、帽子、兜、笠、花簪、栉，尤其祭礼饰物……
  于是顶戴、装饰物品上的头戴文字、装饰文字、衣缝文字，
  精心杰作之一点一画，无不寄托驱魔愿望，
  更进一步希望招来祥瑞之力……

龙纹头冠上的"福"字

● 苗族少女头戴大型银宝冠,
模仿水牛角向外伸出的装饰,
中央打出一个大"福"字,
令人联想起曙光的银片,
呈现闪耀晃眼的放射状。
好像要吞下阳光的舞龙,摆出抵抗阳光,
招云降雨,发挥强大力量的架式。

● 贵州省的少数民族苗族的祭典"鼓社节"。
苗族相信灵魂不灭,崇拜祖灵,
每十二三年举行盛大祭典,
屠水牛供神,
击打象征神威的铜鼓。

● "福"字与龙力护持的戴冠,
女子穿着华丽衣裳与饰件,
银与银摩擦发出的热闹声响,
有如水力、火力的交响,
得意洋洋的舞蹈。

右页图为贵州省苗族"鼓社节"祭典衣裳,牛角形银冠,其上刻龙,象征太阳力量,苗族母女世代相传的传家宝。摄影:镰泽久也。

山神的"招富"文字

- 武装"山神"坐在山中,有虎相随;
胡须长,貌温和,与深山灵气调和,
可想就是长生不老的仙人风貌。
- 山神头上布冠,
缝有一个朱底绿色的"富"字,
阴阳颜色对比的文字,
象征掌握天下自然丰穰与繁荣;
朝鲜半岛古来的山神信仰以民间信仰为基础,
山神有时戴萨满冠,模仿仙人,
也保持儒者威严。
- 以山中野兽为随从,
集孕育药草的深山神秘力量于一身的山神,
成为畏敬的对象。头上装饰一"富"字,
大概祈求他赐给地上子民子孙繁荣、和平的生活。

韩国寺院多见祭拜山神的"山神阁",内有山神图(右页图、上图);山神是村落守护神,也关系王朝及个人命运。

头顶宇宙圣字

● 西藏佛教僧侣黑衣裹身,
转圈子奋力击打太鼓,左右激烈回转,
持续舞蹈……镇地灵的降魔舞蹈,
僧人奉纳充满力量的"舍那"舞。
● 僧侣头戴大遮沿的黑帽,
中央茂密高耸的山形,
象征耸立于宇宙中心轴的宇宙山——须弥山。★22
其上有金色文字,
为"包含全宇宙的护符",
围绕帽檐的双重三角形结界,
也印上金色咒字,山的表面周围,
像龙形的熊熊火焰,发出黄金色光辉。
● 头戴宇宙力、天界灵力的密教坦特罗僧,
用激烈的回旋力镇住地灵,
借文字符咒力的援助,放射驱魔的强烈灵力。

右页图为舍那舞用的黑帽子,装饰金色圣文字及降魔图形、涡卷,生气蓬勃。上图为戴舍那帽的不丹僧侣,双肩披云纹,腰系降魔护法尊脸谱。

静与动，奇状头盔的祈愿梵字

南無阿彌陀佛

● 身为热心佛教徒的伊予松山藩藩主松平定基，
他戴的"变兜"（打破规范、形状奇怪的头盔），
顶上竖立"南无阿弥陀佛"六字名号，
上、下有镂空之二梵字，
整体设计则在表现"五轮塔"，
看似金属，其实是木制。

● 五形相叠的五轮塔近似墓碑，
为佛教的供养塔。
最底下的正方形表现安住不动之"大地"；
其上之圆形表现旋转自在生命源泉之"水"；
次为三角形，表现烧尽烦恼、尘垢之"火"；
接着为朝下的半月形，
表现圆转自在地吹动之"风"；
最上合三角与半月的宝珠形（团形），
表现无穷时空扩张之"空"力。
梵字的"𑖀"（阿）表示"大地"，
"𑖀"（佉）表示"空"。

● 森罗万象的根源——
地、水、火、风、空力，
是轮回转生的依凭，活动无穷；
头戴南无阿弥陀佛兜，
面临决生死一战时，寻求佛的加持。

右页图为日本江户时代藩主松平定基的"变兜"——"五轮塔头立"，高90厘米，一体成型，重3公斤，京都国立博物馆藏。下图为戴黑漆"鹿角胁立兜"的藩主本多忠胜，忠胜戴此兜军援德川家康，以武勇得名。照片提供：@KYOTOMUSE（京都国立博物馆）。

新娘头冠的金"蝠"、银"福"文字

● 软忽忽鼓起的样子，装饰华贵、可爱，
此为用于朝鲜半岛仪式的女用贵冠，
"蔟道里"是其称呼，
在高丽时代两班世族中流行起来，
★23
成为注重规矩的帽子。

● 以上等黑地绢料成形，
装饰五彩缤纷的各种玉石、珊瑚、翡翠……
中央有展翅的黄金蝙蝠，
两旁附加银色"福"字；
金与银之对比，"蝠"与"福"音义之相互呼应，
表示家脉不绝、祥瑞复来。

● 遵循儒教的韩国，
婚礼礼服是女性一生一度的盛装；
祝贺新婚，迎接幸福人生的心愿，
凝聚在银色光辉的"福"字上。

右页图为韩国婚礼戴冠"蔟道里"，高、宽约10厘米，张淑焕藏。右图为"蔟道里"布料展开图，以六角形多面体为基础。

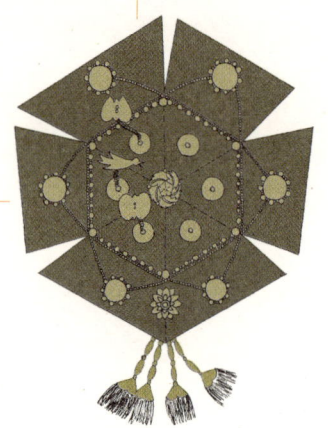

花簪的"福""寿"文字

● 中国女性无上喜爱的装饰中,
发簪为成年女子精选必备之物。
"寿"字花簪表现了中国人喜欢的对称美,
"寿"字上下配以张开翅膀的蝙蝠与盘长(吉祥结),
更添"寿"字伸展手足似的华丽。

● "蝠"与"福"同音,
能招来幸福的益兽。
盘长又称为"绵长字"或"八吉",
表示期待连绵持续(绵长),
造型源自集合吉祥万福的"万字(卍)纹"。
卍纹为长肠形,或连续线之表象,
"肠"通"长",显示无穷不绝。

● 加上"寿"字,组合蝙蝠与盘长,
祈求"福寿绵长"的花簪,
是由尊敬文字的国民,横跨悠久历史所
孕育出来的传统工艺之华。

右页图为朝鲜李朝后期"寿"字花簪,上端为耳耙子,天理参考馆藏。本页右图为中国吉祥图案所见"寿"字,手、足伸展如昆虫或小动物。

异境诱惑，栉之文字

● 栉，梳发的道具及发饰，
器形虽小，却据信涵蕴符咒力量。
栉曾被视为除魔护符，区分人间与灵界的标志，
更是男女契约的证明。
显示圣性的栉，及其禁忌，
至今仍存在于日本的花柳界（艺伎）与演艺界。

● 右页上图栉上有"梅""君"等字，配泥金绘；
文字意思属于和歌物语，
大概以其知性构思较受欢迎。

● 右页下图的栉装饰"行基图"，
奈良时代僧侣行基所绘日本地图，
诸国形状也有如云海重重叠叠，
栉与地图的结合，深得人气；
日本全国地图分配在两面的构成，
已成为栉的设计定形之一。

> 右页图为"文字散文样莳绘栉"、
> "日本地图纹样莳绘鳖甲栉"，
> 古满巨柳作，皆冈崎智子藏。
> 本页右图取自国贞画《今风化妆
> 镜，合镜》。

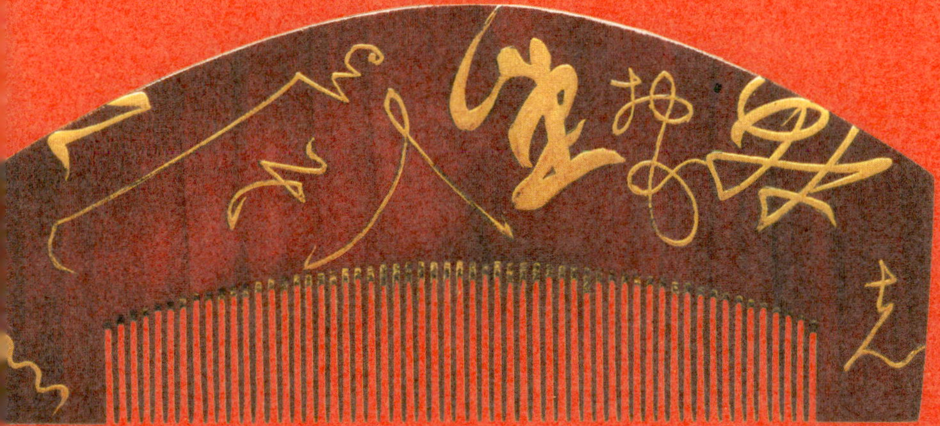

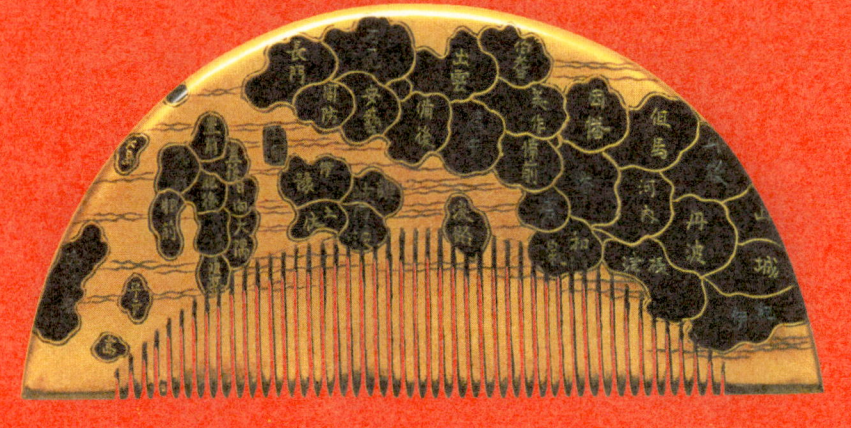

韩国荷包的庆"寿"文字

壽

● "jyumoni",一种色彩美丽的韩国荷包,
男女外出时佩在腰际,方便装入小物品。
● "jyumoni"的形状有圆形、方形。
方形"jyumoni"的两侧有突出的耳,是为两耳形,
男用色彩为青蓝或褐色系,
女用以红为中心,色彩鲜艳炫目;
盛装的日子,成为手工精致的
"jyumoni"相互竞美的盛会。
● 右页图为五彩线缝制的精致刺绣两耳形小荷包,
配上"寿"字花纹,
瑞云、太阳、鹤、鹿等"十长生文",
各蕴藏强韧生命力的长生不灭花纹;
大红绢有喜庆之意,
也显示驱魔的力量。

两侧有耳的朝鲜李朝男性用(右页图,首尔国立民俗博物馆藏)与女性用(本页右图,首尔服饰博物馆藏)"jyumoni",鹤、鹿等瑞兽与仙境蓬莱山组合,祈望长寿。

- 116 | 吉祥八宝"寿"文字
- 118 | 抗风文字
- 120 | 气魄射眼，大渔旗文字
- 122 | 一宵梦幻的灯笼文字
- 124 | 旗帜林立，勇猛的"山笠"文字
- 126 | 喜轿的"凤喜"文字

4 运送文字

- 缓缓圆环流动的季节风，渡过海上。
  刮强风，宇宙深呼吸沙沙作响。
  大气层轻微转身，乱流涡云，遮住阳光，带来雨水。
  风吹，气旋，为地球生命赋予活气。
- 风，让物体动起来；
  鸟展翅，种子飞散，砂尘移动，气象变化……
  让人类思考出扬帆走舟、
  风车旋转的种种能源运用方案……
- 吉祥文字出现在风帆上，
  神佛名号刻画在升扬的旗帜上。
  风力加上文字灵力，为风土生息活动增加勇气。

吉祥八宝"寿"文字

◉ 迎风张帆,一个大"圆寿"覆盖整个船帆,
满载宝物的宝船自海的彼方来访,迎祥的鹤、龟也从空中、海上相随,
这是日本祝福婚礼用的加贺友禅染豪华"袱纱"(包袱巾)。

◉ 堆积如山的宝物,几乎挤到船边,米包前面有万宝槌、
书画卷、荷包、分铜、自在键、犀角、蓑笠、隐身蓑衣、宝珠、
方胜、七宝等各种招福宝物或八宝的设计图案,
可溯自中国宋、明时代。

◉ "寿"字也可作为迎祥花纹,多用在生活空间,
圆寿化为一帆风顺的宝船,
祈愿缔结婚姻的一对新人永远幸福。

右页图为以友禅染华丽技法制作的"宝船纹样袱纱",鹤、龟跟从满载宝物的宝船破浪前进,54厘米×50厘米,私人藏。上图为使用防染、蓝染技法的暖帘"寿"字宝船。

抗风文字

● 号称"当代无双",德川家光建造的御座船——安宅丸[24],
船上排列模仿陆地交战的旗帜,随风飘扬;
此是所谓"旗指物"[25],始于白旗源氏与赤旗平家的源平之战,
在集团混战场面,以染色、家纹、记号、文字之旗帜作为识别。
● 日本江户时代所谓"舟印",指非海上实战用的船旗,
舟船装饰性格强烈,与其为了识别,更在乎迎风破浪的华丽竞赛。
● 中央可见的"む"(mu)字旗,
表示担任德川水军"将监"之职的向井家族的头一个音;
船首的"大",为德川家印之一;

提灯形旗帜是为马旗,与红太阳旗并排,
目的在于引导步卒旗海。
旗阵飘飘,浪涛翻滚,
德川华丽水军在海上前进。

右页图为展现日本江户水军威容的安宅丸,浅野图书馆(高桥正人)藏。本页左图为丰臣秀吉装饰"贱岳合战"阵地的旗指物,取自《合战屏风图》。

气魄射眼，大渔旗文字

● 穿透天空似的深蓝大海上，配色鲜艳的大渔旗，以连贯天地的青色为背景，随风飘扬。

● 张挂大渔旗，是渔夫为了让陆地上的人迅速知道离岸较远的渔船作业丰收的好消息。眺望遥远的海面，白色粗大、威风凛凛的文字，已映入陆上等待者的眼帘。

● 大渔旗的由来，可溯自11世纪的船旗，小的有一张榻榻米大，大的可达十二张榻榻米；基本图案约50种，有宝船、松、竹、梅、鹤、波浪千鸟、熨斗（附在礼物上的礼签）、旭日等，上面又染出轮廓分明的船名，祝贺渔获丰收的字眼。

● 波浪间闪耀的鱼群精气，皮肤被晒成赤铜色的渔夫的气魄，黑潮与男子的朝气，大渔旗充满活力的文字，一时交织成海上雄壮的交响曲。

右页图为正月大渔旗，迎强风，彩色飞舞，日本千叶县鸭川市。左图为张开大渔旗驶向母港的渔船。

一宵梦幻的灯笼文字

● 夏天夜晚，
日本奥能登的小镇突然出现"切子"群，
五十座或百座山车（花车）排列街上，
配上笛、鼓、三弦伴奏，击打太鼓，
激发情绪，这是夏天祭典的开始。

● 高可达6米，只有能登才有的奇特山车"切子"，
名称来自"切子灯笼"（以纸等制作的盂兰盆会用之多角形带穗灯笼，
切子意指切掉立方体的角）。原是手提或肩膀背负游街的
箱形小奉灯（祭祀祖灵的灯），然后巨大化为壮丽的山车。

● 大奉灯的"切子"，上有剪贴寓意祈祥纳福的三个大字，
如"耸千秋""浚云志""聚银麟""桃源游"……
夜祭时点灯，剪贴的字转为剪影画，
渔夫托付的心愿，变化为墨迹鲜明的黑字。

● 装饰雄浑大字的能登"切子"，充满华丽的光与音，热闹的山车，
是一年一度出现的祖灵居住的宇宙山。

右页图为山车"切子"渡海，上图为日本能登半岛穴水町"大渔祭"，点灯后，"切子"现出祈愿丰获的吉祥墨迹文字。摄影：涩谷利雄。

旗帜林立，勇猛的"山笠"文字

● 随着"咚"的太鼓一击，"哇"的呼声，
轿手合力轻轻抬起"博多山笠"；[★26]
栉田神社境内，面向清道旗围绕的行道路，一起急奔，
飞散的汗水与怒号，有如卷入漩涡的观众欢声……
祭典的能量，一鼓作气点燃、爆发。

● "博多祗园山笠巡行图屏风"描绘在此登场的热闹山笠，
以日本南北朝时代（1336—1392年）军事小说《太平记》为主题的
雄壮造山，山车上紫、赤、绿、青等各色旗帜，写上神名、祈愿文字，
以及多种多样的小旗，战争场面的气势更加高涨。

● 旗帜、小旗林立的山笠，
象征天上神祇降临地上的圣山山顶，
把力量灌进祭礼的场所，
这是弥漫祝福的雄壮造山。

右页图为林立的旗帜，取自"博多祗园山笠巡行图屏风"，福冈栉田神社藏。左图为现代山笠，装饰主题有战争场面、歌舞伎、电视走红明星等，高达13米。
摄影：管洋志。

喜轿的"凤喜"文字

● 两个喜并为"双喜",感情和睦的一对"喜",
原为夫妇和合所创的文字,
是合乎"一体不二"道理的吉祥花纹。
● 双喜字的变化姿态,
出现在许多婚礼物品上。
右页图是清朝皇帝迎娶皇后的凤轿,
祝贺的大红内部装饰,
以双喜字为中心的吉祥花纹,凤凰群舞,
瑞云瑗碟。清朝皇帝的"大婚",遵照古礼,
大费周章,盛大举行。
● 长长队伍,最后是皇后乘坐的极尽奢华的
"凤舆";优美的凤凰高踞轿顶,
象征典雅女性的凤凰,与龙成对组合。
● "龙凤呈祥"象征天地祥瑞,表现男性力量之极致;
据说凤凰其体五彩光辉,发出甘美五音,让人听得出神……
仔细一看,轿之两侧摇动的坠饰,也系上双喜字。

右页图为清朝末期第十一代皇帝光绪婚礼用的"双喜字凤舆"。上图为《光绪大婚图册》之《凤舆巡行胜景》。

130 | 祝贺新婚的结饰文字
132 | 备忘的封印文字
134 | 鹤龟结，注连绳的"寿"文字
136 | 喜庆风筝的"龙"文字
138 | 大空瑞祥，大黑天的"龟"文字
140 | 大黑与惠比寿的"龟(泉)"、"鹤(末)"文字
142 | 空中飞舞的风筝文字
144 | 睥睨八方的立体文字
146 | 供奉锻冶神，一心打造的铁文字
148 | 岩户神乐舞，"日·月"文字
150 | 高举"日·月"文字的祭礼道具
152 | "三""产""山"，夸示灵力的山文字
154 | 砚中仙境，气韵生动的文字
156 | 寄宿天空的文字
158 | 盘中竞赛的象戏文字
160 | 祈求女儿幸福的"嘉""富"文字
162 | 水濑赞的"寿"梦文字
164 | 生产金丹、葫芦宇宙的"寿"文字
166 | 精炼"金丹"的长生不老文字
168 | 秘藏特咒力的破魔文字群
170 | 防风魔的房帐文字
172 | 音响寂灭的祈祷文字
174 | 声音的屋云谱
176 | 声萌骋的"妙""色"字

5 文字与生活

- 为记述天声而刻划、书写的文字。
文字不仅是表现与传达的记号,
更是除灾招祥、秘藏非常力量、受尊崇的存在。
- 人在日常生活中,巧妙摄取文字的力量;
把刻划文字、染出文字、模仿文字的许多道具,
处处配置于生活空间。
- 结饰文字护卫生命,
风筝文字在天空飞舞,椅背文字寄托不死之梦,
太鼓文字让经文响彻天地……
内心隐藏的梦与愿望,
刻划在一笔一画里;
民众的手艺,表现多彩文字匠心,引人注目。

祝贺新婚的结饰文字

● 日文"結び"的字尾"ひ"(hi)
相当于"灵"的意思。古人透过"编结",
尝试把握住肉眼未及之魂的力量、灵的活动,
"编结"行为凝聚了咒术的祈愿。
由结绳文字可见,结与文字起源关系深厚。
● 为表达心意,在礼物系上称为"水引"的结,
据说始于日本桃山时代(1568—1603年)。
图为加贺(金泽)婚礼水引,
继承京都文化,造型更华丽,
张开翅膀的鹤背上结水流般的金色"寿"字,
即是结在一双祝酒上称为"雄蝶"的水引。
● "雌蝶"则配合象征长寿的龟、"高砂",
或象征蓬莱的吉祥造型,与"雄蝶"成对。

★译注 主题是一对名叫"尉"与"姥"的老夫妇恩爱长寿的故事。

右页图为雌蝶(象征鹤)结合"寿"字,挂于祝酒上,金泽水引,人形师津田左右吉·梅父女之创作。上图为结合金银的鹤龟一对水引。

备忘的封印文字

◉ 拥有丰富传统的日本结，
也使用于记号、约束的目的，
产生所谓"封印结"或"茶结"的结艺。

◉ 据说封印结始于江户时代的茶道工作者。
为防主君遭遇暗杀，须认清每一个人的茶，
于是费尽心思打上各种不同的结，
例如蝶、龟、鹤、菊、松、蛤等，
跟随寄托四季当令自然的"茶结"，
不知不觉，也诞生了"文字结"的手法。

◉ 编"本"字的文字结，
与右页下图茶结的梅花比较，
可以了解两者技法的共通性。
线状的变形表现为花结的花瓣；
模仿文字的封印结，
则在末端整形出笔法的下笔、撇捺、收笔等。
同时五瓣梅也是"大"字的变化。

◉ 一心不乱打绳结……
日本人纤细的内心深处，与文字结紧紧结合。

右页图为"本"字封印结（上）、"梅"结(下)，两者相比较，可见由花结基础巧妙变化发展出的文字结，桥田正园氏制作。本页上图取自江户时代编结教本《玉游》。

鹤龟结，
注连绳的"寿"文字

● 原本支撑弯弯稻穗的稻茎，
干燥后成稻草束，
进一步捻合为一条绳，
取两条做阴阳组合，再向左捻合，
制成装饰置于门前、神龛，
庆祝元月的一条注连绳。
它像人类的DNA，潜藏双重螺旋。

● 这条注连绳，容纳鹤与龟的形，
整体结成"寿"字。
精致手工的吉祥轮，
上半部以左右张开的稻草束为翼，
中心捆紧的表示鹤的躯体、头部；
其下小圈是附加手足、头的龟。
好像围在日出的大轮里，
但整体则写成一个浑圆的"寿"字。

● 模仿鹤、龟、太阳的"寿"字注连绳，
结合多重祥瑞的意义，
堪称充满睿智的农民艺术结晶。

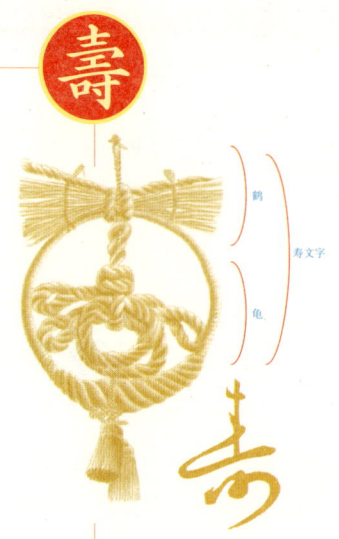

鹤　寿文字　龟

右页图为日本山口县丰浦町"寿文字大饰"，已故諏访音吉氏作，日本民艺馆藏。上图为北陆地方之米俵（装米用的椭圆形草袋），鹤俵装米，龟俵装赤米，小松市立历史民俗资料馆藏。

喜庆风筝的"龙"文字

- 白色光辉的"龙"字,
与染成大红的太阳相拮抗。
好像要撕裂漩涡的黑云似地,
红光象征天火,
青色镶边象征天水(雨),闪电交加,
强而有力地表现出天象变化。
日本的文字风筝,力道十足。
- "龙"字以蛇身兽的象形为基本,
偏旁的"立",据云为圣兽头上的王冠造型。
潜于水中的蛟,到春天升天为龙,
跟随雷鸣、闪电招来雨水。
《万叶集》已记载雷神名字"イカヅチ"(ikazuchi),
包含"严"与"灵"的意思。
- "龙"字高扬天空,招请龙神力量。
亚洲各地都有龙神呼唤云雨、闪电,
滋润地上生命的信仰,
也是司职丰穰根源的水神。

右页图为日本现代"江户九纹龙风筝",龙字配上太阳、电光、云,表示祈愿丰穰。上图为葛饰北斋亲笔画《富士越龙图》,天龙飞越富士山,象征水巡行天地间的循环变幻。

大空祥瑞，
大黑天的"龟"文字

● 乘风高飞，一对喜庆风筝；
出云大社宫司（最高神官）家传，
传承有绪的"龟"与"鹤"（见下一节）大风筝。

● 风筝用出云和纸糊牢，用手指一弹，
立即飞弹回来，其强韧可知；
"龟"字风筝以纯墨，"鹤"字风筝以红色，
在温润的白纸上写出堂堂大字，意象鲜明，
充满重量感和律动的文字构成趣味，
足可断言日本文字风筝的确首屈一指……

● 纵与横的粗直线"龟"字，
与好像振翅欲飞的曲线"鹤"字，
都由几个图形合成不可思议的文字，
堪称组合文字的逸品。
特别是耸立双肩、下侧翘曲撅起的堂堂"龟"字，
可以解释为乘风破浪航行海上的宝船。

→（接下一节）

右页图为日本岛根县出云大社传承喜庆风筝之龟风筝，宫司千家庆典之用。上图为"招财进宝"，中国元月装饰之吉祥文字，模仿宝船的字形，有点像大社的龟风筝。

大黑与惠比寿的"龟(黑)"、"鹤(朱)"文字

◉ 在此进一步解读鹤、龟文字风筝。
出云大社供奉大国主神，
大国主是古代神话暴恶之神
素盏鸣尊之子（或孙），创造日本国土，
后来成为幽冥世界的主神；
中世以后，因发音接近，
而与佛教的大黑天折衷调和。

◉ 大黑天右手持小槌，左手握背负的谷物袋，
威严地站立在两个米袋上，
是日本江户时代家喻户晓的食物神、福德神。
奇妙、夸张的"龟"字风筝，
看得出左肩突出的小槌，右肩隆起的大袋，
右下的"※ 二"，表示两个米袋，
左边两个重叠的"ヨ"，是为"多"，
因此大黑天的姿态活灵活现。

右页图为出云大社之鹤、龟文字风筝，宫司与宫岛家庆典时放鹤风筝。鹤风筝模仿惠比寿天（本页下图），龟风筝模仿大黑天（本页上图），从形、色观察即可了解。

◉ 朱色"鹤"字风筝，当然是惠比寿天；
右下的弯曲线与圆点，
让人联想到生气活泼的鲷鱼。
一点一画，只在各个角落稍加夸张，
即浮现招福之二尊神。
汉字姿态既有趣，又能尽情表现。

空中飞舞的风筝文字

◉ 好像被往上吸似地,风筝迅速升空。
放风筝是儿童的梦,
意气扬扬的游戏,天气与地力交融。
风筝的活动,
将肉眼看不见的风的动向传到地面,
有时也是与远方通信的工具。
◉ 幡与旗是风筝的起源,
相当于中国古代的"斾"和"旆"字,
有时叫"缀旆";后来绑上笛子,
风吹管鸣,"风筝"因而得名。
◉ 中国风筝造型如蝉、蝴蝶、鸢、龙、燕等,
不只天上飞的,还有地面的蜈蚣、
蛙、金鱼等,也上天飞翔,
大概想到除圣兽之外,
不妨让普通的爬虫、鱼等动物也升天。
◉ 文字风筝采用吉祥文字,
右图所见"双喜""寿""福"字风筝等,
有如把祥瑞之气投向苍穹。
乘风飞翔的文字,可说是艺术性风筝的进化。

上图为中国年画《春风得意》,描绘放"双喜风筝",天津杨柳青,清代。左图为"圆寿"文字的中国风筝,巧妙组合太阳、云、蝙蝠和桃。

睥睨八方的立体文字

● 日本江户八百八町，火灾频繁，
为守护容易发生火灾的木造都市，
有名的江户消防队非常活跃。
平时担任土木工的消防队员，一听钟响，
立即穿上消防装，
抢起高超过8尺（一尺约30.3厘米）、
重超过6贯（一贯约3.75公斤）的叫做"缠"的队旗，
奔走火场。

● "缠"，源自日本战国时代
（1467－1615年）的旗帜、马旗，
顶上装饰显示消防队名的立体文字，
及周围垂下的48条叫做"马帘"的穗子，
用以扫除纷落飞扬的火花，
设计意匠表现江户町人劲头十足。
身强体壮的消防队员，出入烈火之中，
上下左右激烈摆动队旗，鼓舞人心，
自己也成为潇洒勇气的标志。

● "缠"的文字，
除"い组""め组"等日文假名外，
多选"本""田"等左右对称的文字；
于是成为能够睥睨八方的消防旗，
从任何角落都能够判读的
立体文字。

右页图为江户消防队"本组"之"缠"，取自《江户花子供游》，东京消防厅藏。上图为团十郎、左团次等歌舞伎演员表演消防，歌川国重的芝居绘（取材歌舞伎的绘画总称）《消防初出之图》，国立剧场藏。

供奉锻冶神，
一心打造的铁文字

● 日本新潟县颈城地方的铁匠，在元月二日中午举行"初打"仪式；
从铁板切出雏形，
锻打成形，
供奉锻冶之神。

● 于是打出如右页图"一心""神""祈""福"等，凝聚精神磨炼、招福心愿的文字装饰宝剑，放置在工作场所的梁上，祈求事业繁荣，农事顺遂。

● 日本的古代制铁，
从安住山中的制铁师、
锻冶师寻求矿脉开始；
另一方面在山中苦修的"山伏"
（山中修行的僧侣），
也与寻矿集团有关；
于是锻冶与火，锻冶与山，
更进一步与修验道神秘关联。

● 铁匠"一心"集中，祈"神"，
借火力打铁，打出的宝剑尖端呈锐利的峰形；
刻上文字的雏形剑，打碎烦恼，净化工作环境。

右页图为正月二日"初打"雏形，长约50厘米，新潟县颈城郡，西山长治氏。左图为山形县上杉神社传《不动明王图》，右手竖握俱利伽罗剑，发挥斩断烦恼、降魔之力，日本南北朝时代。

岩户神乐舞，"日·月"文字

● 日本山口县岩国市行波神乐，
以岩户曲为背景音乐，儿童扮天照大神，[*27]
手持日·月，
从屏风（代表岩户，即洞口）中出现；
右手日轮，左手月轮，
舞动光轮，天真烂漫。

● 行波神乐，7年举行一次，四月四日为主祭；
使用9根10石以上的赤松柱营造大神殿，[*]
更在神殿上游处，
竖一高13寻半的赤松，[*]
举行登"柱"仪式，
柱顶悬挂表示日、月、星，
谓之"三光"的饰物。
松柱是结合天与地的宇宙树，
"三光"表示宇宙光。

● 中国创世神话，
说到日·月住在大地岩穴⋯⋯
走出岩穴的日·月照亮东方宇宙树上的世界，
再从大地回岩穴，冷却热量⋯⋯
日本岩户神话推定以此神话为原典。

右页图为行波神乐，童子举日轮和月轮，跳"岩户之舞"。上图为第二代丰国画《岩户神乐之起源》部分，受天钿女神舞蹈诱惑，天照大神打开石门，恢复太阳光辉。

★译注1 日本的1石约合0.18立方米。
★译注2 寻是两臂左右伸平的长度，约1.6米。

高举"日・月"文字的祭礼道具

● 阴刻"日"字轮廓分明，金色辉煌的标识，
并有从花开莲华上升的瑞云左右对称捧日，
这是台湾妈祖庙传统祭礼道具——
"神符令牌"之一。
中国大陆南方与台湾盛行航海守护神——
妈祖圣母的信仰，
"神符令牌"即表现其神通力的祭礼道具。
还有进香团队员手持"肃静""回避"
"国泰民安""风调雨顺"等文字彩牌绕境……

● 台湾原住民阿美族神话，
阳神太阳创造天地，阴神月亮生产五谷。
日・月文字据说来自"日实"与"月阙"……
日・月光辉为万物生死、盛衰的根源，
自然界阴阳变转的来由。

● 以阳神、阴神为始，
衡量当世、上达天听的神令符，
巡行街头，
宣示强烈的教化力与降魔力。

右页图、上图为台湾彰化鹿港天后宫"神符令牌"，文字之外，还有表现各种武器或手握武器形象的令牌，用于巡行、绕境。

"三""产""山",夸示灵力的山文字

● 锐利三峰朝天并立,
模仿"山"字的青铜戟,
超过1米高的巨大祭器。
古代王族用木柱支撑山形戟,
竖立于庙、社、宫门前。
中国古代,山形结合天、地甚至地底,
是预言神灵凭附的宇宙山。
● "山"的日文发音同"三",
"三"象征天、地、人,
是产生森罗万象的圣数。
"山"的日文发音通"产",
致云降雨,雨水汇为川流,润泽山野,
为森罗万象、所有生命带来活气;
山,拥有生产力量……
● 戟的设计,模仿"山"字。
尖锐的戟,能降魔、招神、慰祖灵,
与山之灵气交感,祈愿未来繁荣。

右页图为中国战国时代中山国"三锋戟形器",高120厘米,中国国家文物局藏。上图为《富士参诣曼荼罗》,富士山顶形同"山"字或"三锋戟",所以画成三山形式。

砚中仙境，
气韵生动的文字

● 端溪砚呈丰满的椭圆形，
其正方形为磨墨处（砚堂）；
椭圆形象征天，方形暗示大地，
中国古代宇宙观，映写在"天圆地方"的砚台上。[28]

● 整方砚施以精密线刻，
方形砚堂磨出的墨汁，
穿过山门中央裂口，引导入海（砚海、砚池）；
非凡的山门，宣告此地是另一世界。

● 天之极，有天帝之星——三公星，[29]
其下之左右为闪烁的北斗七星，
上升于左右者，为日月光辉……
下方有屈卷于大海浪涛中之双龙抢珠。
山门彼方，不死之仙境蓬莱山，
朝天高耸于岛的中心。

● 从山门的墨池至不死之仙境……
磨出的墨汁充满精气，
写出的文字，气韵生动。

蓬莱山

右页图为中国宋元时代的端石海天砚，以日、月、天星为背景，蓬莱三山围住砚丘，台北故宫博物院藏。上图为中国皇帝朝服"龙袍"衣裾纹样，蓬莱三山之姿，尖锐山貌包容不可思议的灵气。

寄宿天空的文字

● 夜空的星球，自无垠远方送来微光，
闪烁明灭的星星，让人预感大秩序的存在。

● 右图球体，为日本江户时代（17世纪末）
涩川春海依据兰学天球地球学说制作的天球仪，
贴厚纸，涂胡粉，
直径约30厘米的白色球面上，
仔细书写中国星座名，
与多达1461颗的星球。

● 中国星座，《史记》集大成，
4世纪时体系化，反映"天人相关说"，
星座名直接取自受天命支配地上的
皇帝与官僚名，或建筑、器物之名。
接近北极星的小熊座 β 星，
相当于帝星"太一"；
北斗七星则是帝王的乘车。

● 日本制作的少数天球仪，
映照天空神秘，反映仪器的精密度，
并用严肃的楷书书体写上星座名。

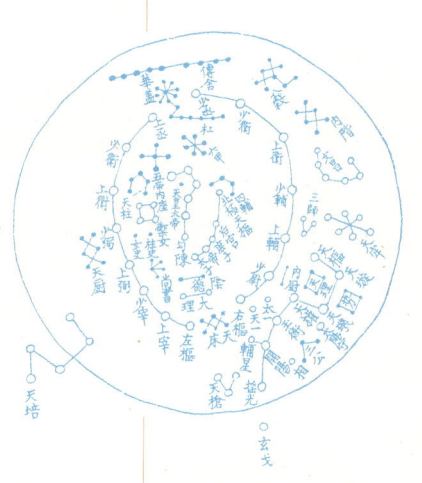

右页图为日本江户前期元禄三年涩川春海制作的天球仪，直径33厘米，伊势神宫藏。右上图为中国星座图，中央（天极）出现北极、天皇大帝、四辅等星座名，其右下方延伸出北斗七星。

盘中竞赛的象戏文字

● 大小十六个棋子，
上有将、车、炮、马、象、士、兵之文字。
高丽时代，自中国宋朝东传的韩国将棋（象棋）；
因中国楚王项羽、汉王刘邦争霸的历史，
棋子有"楚""汉"之分，双方不仅书体不同，
也分赤、青两色，对弈者各拥将军，
先取之者为胜。

● 中国、韩国、日本，将棋规则各异；
韩国棋盘纵九条、横十条，
格子配棋子，反映符合文字的性格，
给予固定的活动规则；将军有将军的权力，
马斜跳，沿将棋盘路线活动。
追求干脆而不拖泥带水的胜负，
棋子在盘面上纵横运动。

● 昔日朝鲜两班（贵族），
夏天在楼阁或大树下，以将旗为乐，
虽只两人对弈，周围观者却也插嘴，
各个情绪高昂，
攻击、防战喝彩之声不绝。

右页图为韩国将棋盘，"楚""汉"两方各16棋子对峙，盘面42厘米见方，韩国温阳民俗博物馆藏。上图为描绘朝鲜两班（贵族）风俗，《箕山风俗图帖》之下将棋场面，青曹兴胤藏。

祈求女儿幸福的"喜""富"文字

● 少女家居身旁常用之物,
边角装饰华丽的华角"足袋箪笥"[*32],
在朝鲜李朝家具中别具魅力;
铜配件制作、设置端正大方,
也可想象往昔女子清秀可爱的生活影子。

● 高明度的优质牛角片,
染成黄、赤、绿的花色,
接合构成各种图案,
中央有文字"双喜""富",
周围是表示长生不老的"十长生文"与龙凤、
麒麟、凤凰、四君子、花鸟等吉祥纹。

● 双喜字原象征男女一对,
有双重祝贺之意,添加求财的"富"字,
身为父母,对子女与良伴永远幸福的祈愿,
寄托在这些文字花纹上。

右页图为表现"双喜""富"字的"华角贴四层箪笥",首尔梨花女子大学藏。上图为箪笥华角画之一。

★译注 适合放袜子之类的衣橱。

水烟管的"喜"梦文字

● 越过遥远的丝绸之路来到中国的水烟管,
勾人想象岁月悠悠的典雅设计,
广泛流行于清朝民间。

● 水烟管由三部分构成,
一是水筒,长短二管并列,
短管塞烟草,长管用来吸烟,
透过水滤过的烟,深深渗入体内;
第三部分是贮藏烟草的盒,
另外再安装优美的台座。

● 以这样的构造为基础,
昔日工匠发挥卓越的技术,
制作难得一见的逸品;
尤其台座多细工夺目,此为其一。
围绕在绿青色、白色花草之中的双喜字,
鲜丽色调与精致技巧巧妙结合,珐琅制。

● 不知烟害的时代,
水烟管寄托心旷神怡之梦境,
多出现吉祥文字,
也是诱发甘美酩酊的匠心设计。

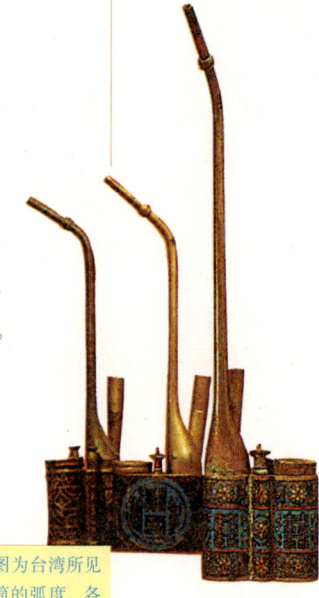

右页图、上图为台湾所见水烟管,水筒的弧度,各按其好,施以巧思。

生产金丹，
葫芦宇宙的"寿"文字

- 阴与阳，两个球体相贴的葫芦，
内部象征子宫或洞窟，封入混沌的宇宙卵。
- 中间出现大圆相里的"大吉"文字，
吉祥花纹围绕二字；上方有八童子，
象征中国人熟知的"八仙"，★33
童子手中有各按所好的吉祥法器、宝物，
暗示延命长寿的超能力；
下方十胡人（西域人）围成一圈，
手持宝珠、法螺贝、珊瑚等献佛宝物，
皆为招来福禄的财宝神祇。
- 最下方是一燃烧的火炉，
原来葫芦是炼长生不老的金丹妙药的炼丹炉。
多宝、多福、充满祥瑞的葫芦内部，
生产圆寿文字的金丹。
吃下金丹，化为不老不死之仙人，
正是众人向往的灵药。
- 长寿不老，得妙药的葫芦，拥有无比灵力。★

右页图为精致刺绣"群仙婴戏大吉挂屏"，清代后期，模拟八仙的童子与胡人，暗示葫芦内的宇宙。上图为葫芦与童子，充满根源活力（元气）的童子，游戏于象征子宫、宇宙卵的葫芦，杨柳青年画。

★译注 中国称呼葫芦（壶芦），发音"hu-lu"，
暗示"混沌"、"昆仑"。

精炼"金丹"的长生不老文字

● 装饰华丽的中国明代椅子,
靠背漆画中央的图像,
为镜像的"寿"字,
"寿"字周围有飞舞于瑞云中的五只蝙蝠;
文字的笔画也好像枝叶一般伸展出来。

● 文字的形让人联想到壶形炉,
以炼丹术秘法精炼灵药金丹,
所以模仿火炉的形?
金丹是众人期待得以不老不死的成仙灵药。

● 一旦坐上这张椅子,
除了吸取靠背的涡卷祥瑞,
炼丹炉又正好接触心脏位置。
炉热炼成一粒金丹("寿"字中心出现的小圆寿),
上方张开翅膀的蝙蝠,正打开炼丹炉,
宣告金丹炼就成功。

● 温暖的金丹椅子,
柔软包住坐者的身体,
实现不死之梦。

右页图、本页右图为稳重的"寿"字座椅,细细刻划带来祥气的蔓草纹,与模拟蝙蝠、螭龙的招福涡卷纹,靠背中央"寿"字,模仿金炉形态,技法精致。

秘藏符咒力的
破魔文字群

◉ 比拟大地的小台（盘），
中央的"将"字表示船上挂帆用的"桅杆"，
由此延伸放射线状的
水、木、金、元、门、弓、三等八个字，
八个字末尾张开如弓形。

◉ 十二角盘上，八方位咒字并列；
十二表示月份，同时也是方位与时刻的单位，
也与巡行天上的木星公转周期、
"十二支"相结合。
盘的边缘又配十六个咒字，各有各的架势。
盘上的文字象形，目的在于镇诸方位，
排除外敌入侵。

◉ 多样的"弓"字，心志专一，
"以秘藏破魔力量之弓与矢之力，
祓除因缘之恶业。"
韩国道教信徒或"巫堂"（巫女）
使用这样的小盘。

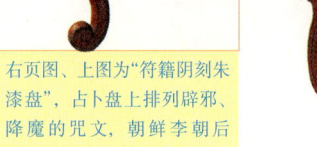

右页图、上图为"符籍阴刻朱漆盘"，占卜盘上排列辟邪、降魔的咒文，朝鲜李朝后期，韩国国立民俗博物馆藏。

防风魔的房帐文字

● 朝鲜士大夫的住居，
在富裕财力的支持下，三四代同堂；
家的正面与背后设置门扉，
是一种通风构造。

● 冷风飕飕的冬天，为了防风，
把房帐（厚门帘）挂在门口，白天卷起，
让温暖的阳光进入房内；
到了夜晚，放下门帘，可保房间温暖。
在鲜艳大红的绢料上，
缝直角三角形的布花及中央的同心圆花纹，
构成涡卷、阳气的匠心设计房帐。

● 中央的绀色文字花纹，
是蔓草花纹包围"寿"字；
四角配上飞翔姿态的蝴蝶，
涡卷的蝶翼前端化为连续的蔓草花纹，
流丽的意匠，让房帐的角落也活泼起来。
从上端垂下来的"卍"字形结，
更使喜庆气氛高涨起来。

● 醒目的阳气，被除鬼神的大红房帐，
实是色彩显眼、招来温暖、气质非凡的佳作。

右页图为挂于寝室的防风房帐"褛绯寝帐"，纵181厘米。上图为"寿字房帐"，纵221厘米。二者皆巧尽"寿"字之美，韩国刺绣博物馆藏。

音响音灭的祈祷文字

● 在圆形框上张一面皮的简洁太鼓，
引起太阳的联想。从鼓上凛冽的"御题目"文字，
可知这是日莲宗的"团扇太鼓"。
太鼓写上"南无妙法莲华经"的"御题目"，
本身被视为佛本尊，也称呼为"御题目太鼓"。

● "南无・妙・法・莲・华・经"……
和着唱诵，打出有节奏的
"don・tsuku・don・don・tsuku・tsuku"六拍，
据说一拍一打即佛与人之间结缘；
还有认为打击声音吸引一瞬一瞬的心动，
都结合整个三千世界。

● 因为每日勤勉修行，
"御题目"的墨字逐渐褪色，
跟随文字消失，
人虔诚的心愿也与声响交融，
送上苍穹。

*译注 日本佛教日莲宗唱诵"南无妙法莲华经"
七字，谓之"御题目"。

南無妙法蓮華經

右页图为日莲宗日本山妙法寺道场所用"御太鼓"，松谷上人笔。上图为"鼓童"成员击打印有"巴纹"的大太鼓，激烈鸣响，直达苍穹。

声音的层云谱

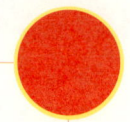

● 声明（读经）的起源，溯自古印度。
日、月并列为"明"，
在佛教指"宗教觉醒的智慧"。
声明，把宇宙真理变化为语言，
用声音唱诵经文或咒文，以波动之力镇无明，
计量佛之智慧与行者之心合一的修行法。
声明是藏传佛教（喇嘛教）僧侣的重要修行之一。
● 西藏声明谱，在文字旁添加云形线条，
强调声音高低变化起伏；
奏乐的指示，也以点、圆等记录下来。
为了朗唱的记谱法，因流派而异，有各种样式。
● 高低如地面起伏，无边无际，
经文唱和祈祷，穿过西藏清澄的冷气，
乘风到达佛世界。

右页图为藏传佛教"声明谱"，把经文、音调记在短册之两面上，西印度拉达克地方之斯比多克寺院。下图为蒙古的藏传佛教寺院"声明谱"，尝试多彩多姿的表现法。

声明谱的"妙""色"字

● "ン如來""妙""色""身"……
赞颂如来的词句，逐一转折、弯曲、起伏，
延伸出棍棒似的跳跃线条。
这是佛教法会僧侣礼佛的"声明"记号，
朗诵音调的乐谱，也称为"博士"。

● 延长一字的声响，
摇上，摇下，探测潜藏的声波；
"摇"即声音有如波浪的舒畅拍打。
声明的"明"指佛的教示、智慧，
美声与睿智的波动共响、共振。
● 冒头的"ン"，"ON"的响声，
相当于佛教的"唵"字，"声明"的远祖，
皆出现于古代颂唱经典《吠陀》的起头、末尾，
是圣音"OM"的由来。
● 宇宙根源的鸣响、圣音，
随"唵"响震动，
宇宙与自己的存在合而为一。

> 右页上图为15世纪高野山刊行《文明四年版声明集》之"如来呗"，现存世最古的印刷乐谱。右页下图来自奉赞胜鬘夫人、母后如来的"如来呗"声明谱，以极细"摇"线来记录。本页右图为声明谱记号"博士"之一例。两者皆取自《南山进流声明类聚》。

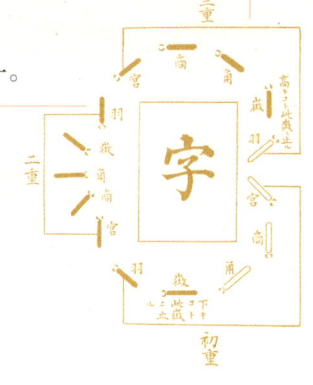

吉祥字解···招福汉字

福 "畐"旁表示樽等下方鼓起的器形,象征神恩、丰饶,寓意"充满幸福";"示"偏为祭坛的形。捧酒樽祭神,祈愿神授福禄。

禄 "录"旁表示旋转的锥形,好像小木片纷纷落下,意味神明撒下的幸福,转而指"官吏的俸禄"。

壽 寿 "耂"指老人,下方的"弓"表示绵延的田间小路(畴),祈愿丰穰的姿态;两者重合,表示老人长寿。

喜 "壴"与"口"的合字,"壴"指鼓,"口"指含蓄祝辞的器物,于是捧器祭神,击鼓娱神;一说为台座上置放食物的器物,表示装饰。

富 在"福"字的"畐"旁上加个屋顶"宀","畐"为装满酒的酒樽形,所以"富"即"福"。

吉 饱满的壶上加盖的象形文字,表示内容充实,相对"凶"指空虚状态;另一说谓"口"为含蓄祝辞的器物,其上置钺之刃,解释为维护祝辞咒力,"诘"是其原义。

 **萬卍**

"万(萬)"字来自虫形，一说为蝎，"万"音通"绵"、"蔓"，表示长而连续。"卍"为传自印度的记号，在佛教里代表吉祥、幸福，东渡中国后取名"金刚万字"，此后，"卍"读同"万"。

 鹿

"福禄寿"的吉祥图案常见鹿的形象，因"禄"音通"鹿"，所以鹿象征长寿、富贵。

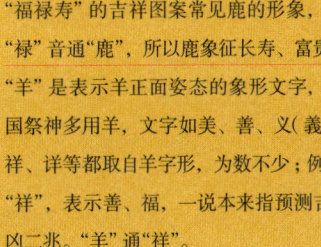 **羊**

"羊"是表示羊正面姿态的象形文字，中国祭神多用羊，文字如美、善、义(義)、祥、详等都取自羊字形，为数不少；例如"祥"，表示善、福，一说本来指预测吉、凶二兆。"羊"通"祥"。

 蝠

"蝙蝠"之"蝠"音同"福"；自古视蝙蝠为招福圣兽，因此五蝙蝠飞舞模样，代表长寿、富贵、无病、尊德、天命之"五福"。

注释一览

★01 **素三彩**————以低火度色釉烧成的陶瓷器,色数不限三种,
因时代而有变化。

★02 **须惠器**————日本古坟时代至平安时代,传自中国的不挂釉素陶,
硬质、青灰色为其特征。

★03 **芹泽铚介**————1895—1984年,出生于日本静冈县,染色工艺家、人间国宝,
曾参与民艺运动,创"型绘染",工艺作品独树一格,
也热心商业设计。

★04 **汀线**————海面与陆地的交界线。

★05 **梵字**————古代印度梵语所用文字,
6世纪左右流传之悉昙文字则自中国再传日本。
用于记佛、菩萨等尊名之单字梵字,称为"种字"。

★06 **弘法大师**————日本真言宗之开祖,谥号空海(774—835年),
入唐留学,归后弘扬真言密教,为日本佛教奠基,
文才卓越,擅长书法,
名列"三笔"(嵯峨天皇、空海、橘逸势)。

★07 **替代家纹**————正式家纹之外,非正式使用之纹章。

★08 **食笼**————食盒,食物容器,多附器盖。

★09 **彩色雕漆**————层层涂上不同颜色的漆,再加雕剔,
呈现多色浮雕的手法。

★10 **乾隆皇帝**————清朝第六代皇帝(1711—1799年),奖励学术,热爱艺术,
编纂《大清一统志》《明史》《四库全书》,十次外征,
夸十大武功,自号"十全老人"。

★11 二十八星宿 —— 中国天文学、占星术，沿黄道分割天球，
选定二十八星宿(星座)。

★12 《和汉朗咏集》 —— 藤原公任撰定之诗歌集(约1012年)，
收白乐天、菅原文时等人之汉诗文，
以及纪贯之、柿本人麻吕等人之和歌，广受欢迎，
影响后世日本文学极深。

★13 鹿子绞 —— 染布使成白色颗粒纹，有如小鹿背部斑点纹样。

★14 白乐天 —— 白居易(772—846年)，字乐天，中国中唐代表诗人。

★15 《义经千本樱》 —— 人形净琉璃(偶戏)、歌舞伎的剧目，
1747年(延享四年)竹本座初演，
描写源平合战后之义经传说与平家没落的故事。

★16 《劝进帐》 —— 歌舞伎十八番之一，1840年(天保十一年)
河原崎座中幕第七代市川团十郎初演，描写源义经、
辨庆一行变装为山中修行的僧侣，脱逃途中，
经检查哨严受盘问时，辨庆朗读劝募书，
让主人义经脱险。

★17 《外郎卖》 —— 歌舞伎十八番之一，表演叫卖吆唤的技巧。

★18 型友禅 —— 使用纸型、以多彩华丽花纹为特征的
"友禅染"手绘技法，明治时代以后实现量产化、
低价格化的目标。

★19 杨七郎 —— 杨延嗣，《杨家将演义》(明代)的登场人物，
描写北宋杨氏一族的兴起与悲剧，中国经典京剧。

★20 **高棉**————柬埔寨人口最多的民族，9至15世纪间建立高棉王朝，以吴哥窟为代表的石造寺院、佛教丰富文化闻名于世。

★21 **《罗摩衍那》**————古印度大叙事诗，内容有拘萨罗国王子罗摩，夺回被恶魔王罗波那拘禁的王妃悉多；罗摩为人世间理想人物，受尽尊崇，后成为毗湿奴神的化身。

★22 **须弥山**————古代印度传说，佛教世界里耸立于宇宙中心的山。须弥山住有诸天，四周为九山八海包围，最外缘的大海东西南北浮出四大陆，南侧大陆为众生界。

★23 **两班**————yangban，高丽、李朝朝鲜文官东班、武官西班的总称，后指有特权的士大夫世族，1894年废止。

★24 **御座船**————原为日本战国时代军事用途而建造，至非战时之德川时代，目的为夸示大名权威，装饰绚烂豪华。

★25 **旗指物**————日本战国时代，在战场表示目标的小旗。

★26 **博多山笠**————九州岛福冈县福冈市，每年7月栉田神社举行祭拜素盏呜尊的祇园祭，拥有700年以上历史，以走山笠闻名；山笠指祭祀时所用的神舆，山车状的祭具，上面载有各种旗帜等饰物。

★27 **天照大神**——日本神话神祇，奉为日神的高天原主神，皇室的祖神，与自古普及世界各地之太阳神信仰关系密切。

★28 **天圆地方**——中国古代宇宙观，圆天覆盖方形大地，成为古代中华文明圈建筑、陵墓构道，或铜镜等祭器、礼器的造型原理，流传广泛。

★29 **三公星**——中国天文学主要星座之一，以北极星为天帝，围绕其旁者是为三公（大臣）。

★30 **涩川春海**——1639—1715年，日本江户前期的历学家，幕府天文官，1684年（贞享一年）制作"贞享历"，为日本最初的国产历书。

★31 **天人相关说**——中国古代的世界观，认为自然现象联系人事关系，汉代政治思想，即视君主统治牵涉自然界之吉祥、厄灾。

★32 **华角**——朝鲜独特工艺品，在牛角加工后的透明角纸上，施以彩色纹样，贴上木工材料。

★33 **八仙**——中国民间传说之八位仙人，各有持物、坐骑，常成为艺术品、工艺品的主题。

后记

● 本书得以完成，来自我40年来研究亚洲文字的资料，从中选择80件，分为5章；这些合乎现代视野与趣味的文字图像，都出现在令人惊讶的场合，具备超乎想象的形态，变幻多端，让人不由得瞠目而视。

● 多年来"写研"公司发行"文字的生态圈"系列年历，累积超过300件亚洲文字图像，承石井裕子社长长年支持，以及掌其事者杏桥达摩先生之费神，由衷感谢。

● 整理亚洲这些充满变化的文字图像解说文时，除日本之外，我要特别感激提供资料的亚洲文化圈的许多朋友。

● 尤其议论活泼、对我有所启发的松冈正则先生，指导解读亚洲文字的庄伯和先生，还有李贤文先生、安尚秀先生、基尔特·德里维迪先生、吕敬人先生，以及在取材方面给我支持的田原秀子女士等《季刊·银花》的编辑群、田边澄江女士……在此深致谢意。

● 担任编辑的室贺清德先生，也辛苦您了。

2008年11月　杉浦康平

参考文献
《文字的宇宙》（1985年）、《文字的祝祭》（1995年）……"写研"股份有限公司刊行

协助撰文

松冈正刚
杏桥达摩
田原秀子
山本千惠子
青戸美代子
田边澄江
青本秀薰
饭尾俊子
饭岛吉晴
今枝由郎
太田雅子
尾久彰三
小野寺啓治
洼 德忠
高尾利数
莲见治雄
萩原秀三郎
堀内 胜
松涛诚达
丸山伸彦
水尾比吕志

安尚秀—**韩国**
吴炳秀
金玟基
庄伯和—**中国台湾**
李贤文
刘文三
吕敬人—**中国大陆**
邓福星
基尔特·德里维迪—**印度**

出版后记

● 杉浦康平，屹立于日本设计界逾四十年。他是日本战后设计的核心人物之一，是现代书籍实验的创始人，艺术设计领域的先行者，被誉为"亚洲图像研究学者第一人"。他深邃且奥秘的美学世界观，得益于汲取了亚洲古老文明的养分。除了设计本业之外，杉浦先生长年来在教学上也是不遗余力。他曾将在NHK做的节目内容集结成《造型的诞生》一书，他盼望非专业人士的一般大众也能经由他的阐释，领略亚洲古老文明的丰富与深刻。

● 《文字的力与美》是杉浦先生长久以来深入研究、剖析了亚洲各国的文字的成果，其中又以汉字为全书的中心。他认为文字的产生正是代表文明的结晶，而这种本身就会诉说动人故事的文字，也是不断刺激他创作的动力。在本书中，他列举出饶富趣味的代表性文字，以简练易懂的说明搭配众多精心挑选且入手不易的图片，尝试将他多年来深刻感受到的文字的力与美，传递给所有读者朋友。

● 我们的生活，需要更多的力量与美善。经由本书中杉浦先生对文字源流的阐释，再加上民俗学者庄伯和先生专业的考证与译笔，我们赫然发觉，环绕我们四周的文字群（尤其是应该要被列入世界文化遗产的汉字），蕴藏着如何的爆发力，表现了何等的动人姿态！本书帮助我们打开欣赏之眼，也开启我们去感受文字之力与美的能力。

● 杉浦先生多年来不断强调，一个行走之人的前脚与后脚同等重要。前脚要踏得远，后脚则必须有力。若说天马行空的创意思想是我们的前脚，传统文化的养分便是支持我们往前的后脚。在新潮文创思考沸沸扬扬的时代里，我们反而更应该回头反思某些传统文化之所以屹立不摇的原因。而文字，应该就是传统文化的中心与结晶。回头望得深、看得远，创意的翅膀才会有力。

● 杉浦康平曾于2006年在国内举办过个人作品回顾展"疾风迅雷：杉浦康平杂志设计的半个世纪"，他的著作《造型的诞生：图像宇宙论》和《亚洲的书籍、文字与设计》等也已在国内出版，相信读者对杉浦先生的设计思想已有所了解。我们希望通过《文字的力与美》简体中文版的出版，继续向读者推介其有如曼陀罗般森罗万象的设计视野，希望能为国内读者带来一点启发，对书籍设计、创意产品等文化产业的发展有所助益。对于书中可能存在的错漏之处，欢迎读者批评指正，以便再版时及时纠正。

服务热线：133-6631-2326　188-11142-1266
服务邮箱：reader@hinabook.com

后浪出版咨询（北京）有限责任公司
2014年8月

图书在版编目（CIP）数据

文字的力与美 /（日）杉浦康平编著；庄伯和译. -- 北京：
北京联合出版公司，2014.7
ISBN 978-7-5502-3209-9

Ⅰ. ①文… Ⅱ. ①杉… ②庄… Ⅲ. ①文字学—研究 Ⅳ. ①H02

中国版本图书馆CIP数据核字(2014)第142751号

MOJI NO BI, MOJI NO CHIKARA by Kohei Sugiura
Copyright © Kohei Sugiura, 2008
All rights reserved.
Original Japanese edition published by Seibundo Shinkosha Publishing Co., Ltd.
This Simplified Chinese language edition is published by arrangement with Seibundo Shinkosha Publishing Co., Ltd., Tokyo in care of Tuttle-Mori Agency, Inc., Tokyo through Bardon-Chinese Media Agency, Taipei, China.

Simplified Chinese edition copyright:
© 2014 POST WAVE PUBLISHING CONSULTING (Beijing) Co., Ltd.
All rights reserved.

本书中文简体版权归属于后浪出版咨询（北京）有限责任公司。
本简体中文译稿由雄狮图书股份有限公司授权后浪出版咨询（北京）有限责任公司使用。

文字的力与美

编 著 者：（日）杉浦康平
译　　者：庄伯和
选题策划：后浪出版咨询（北京）有限责任公司
出版统筹：吴兴元
特约编辑：蒋天飞
责任编辑：王　巍
封面设计：佐藤笃司　刘永坤
版面设计：佐藤笃司　张宝英
营销推广：ONEBOOK
装帧制造：墨白空间

北京联合出版公司出版
（北京市西城区德外大街83号楼9层　100088）
北京盛通印刷股份有限公司印刷　新华书店经销
字数154千字　889毫米×1194毫米　1/32　6印张
2014年10月第1版　2014年10月第1次印刷
ISBN 978-7-5502-3209-9
定价：49.80元

后浪出版咨询（北京）有限公司常年法律顾问：北京大成律师事务所　周天晖 copyright@hinabook.com
未经许可，不得以任何方式复制或抄袭本书部分或全部内容
版权所有，侵权必究
本书若有质量问题，请与本公司图书销售中心联系调换。电话：010-64010019

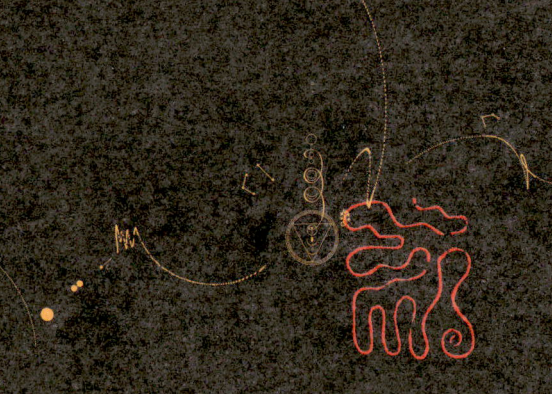

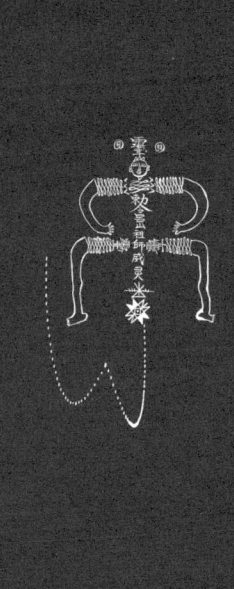

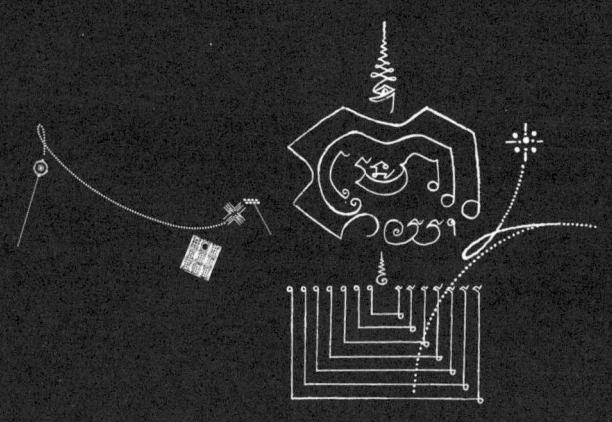